LEAVING CERT

GW00763197

LESS STRESS
MORE
SUCCESS

French Revision

Higher Level

Peter McDonagh

g GILL EDUCATION

Gill Education
Hume Avenue
Park West
Dublin 12
www.gilleducation.ie

Gill Education is an imprint of M.H. Gill & Co.

978 07171 4681 9

Design by Liz White Designs

Print origination by Carrigboy Typesetting Services

The paper used in this book is made from the wood pulp of managed forests. For every tree felled, at least one tree is planted, thereby renewing natural resources.

Any links to external websites should not be construed as an endorsement by Gill Education of the content or view of the linked material.

For permission to reproduce photographs, the author and publisher gratefully acknowledge the following:

© Alamy: 47, 49; © Getty Images: 45; © Inpho: 31B; © Irish Times: 30; © Press Association: 31T.

The authors and publisher have made every effort to trace all copyright holders, but if any has been inadvertently overlooked we would be pleased to make the necessary arrangement at the first opportunity.

CONTENTS

Introduction

How the exam is marked

The French Leaving Certificate Higher Level examination is made up of the following four parts, worth a total of 400 marks.

1. **The Oral Exam is worth 100 marks, which breaks down as follows:**

    - Pronunciation: 20 marks.
    - Vocabulary: 20 marks.
    - Structures: 30 marks.
    - Communication: 30 marks.

2. **The Listening Comprehension (Aural) represents 80 marks. There are five sections in total:**

    - Four sections: 3 marks for each question.
    - One section: 2 marks for each question.

3. **The Reading Comprehension is in two parts, each worth 60 marks (a total of 120 marks).**

4. **The Written Expression section is worth 100 marks.**

    - Question 1 (compulsory): 40 marks (20 marks for content, 20 marks for language). You must write approximately 90 words.
    - Question 2: 30 marks.
    - Question 3: 30 marks.
    - Question 4: 30 marks. You must write approximately 75 words each for questions 2–4.

    (Questions 2, 3 and 4: 15 marks for content, 15 marks for language).

Time management

1. Allow about **30 minutes** for each Reading Comprehension question.

2. Allow about **30 minutes** for the 90-word piece in the Written Expression section.

3. Allow about **25 minutes** each for the 75-word questions in the Written Expression section. However, this depends on whether the questions suit you or not.

4. Do **not** spend too much time on one question at the expense of the others.

5. Leave it and return to it when you are under less pressure.

6. Leave **10 minutes** to check your paper at the end of the exam.

exam TIPS

1   The Leaving Certificate requires a good standard of basic French; you are not writing an English essay.

2   For the Written Expression section, keep your sentences short, as they are more manageable. There is no penalty for going over the required number of words, but there are two problems here:
   - you are creating more opportunities for making mistakes;
   - you are eating into the time needed to answer the other questions.

3   Answer the Reading Comprehension questions first, because:
   - as you are required to **recognise** text and **understand the gist** of it, it is not too difficult to locate the relevant areas where you may find the answers.
   - by reading so much French of a high standard, your mind will become 'switched on' to the language. Vocabulary and phrases should come to mind more readily. You should then feel under less pressure when answering the Written section questions.

TRAVAILLEZ BIEN ET BONNE CHANCE !

1 Oral Exam (Épreuve orale)

aims

- To learn all the relevant vocabulary to approach the Oral Exam with confidence.
- To brush up on grammar and tenses and practise communicating in French.
- To help you to select a document or other supporting item.

What makes the oral exam comparatively easier than the written exam is that it is more **predictable**. You can **prepare** many popular topics beforehand.

exam focus

Percentage = 25% of total exam
Marks = 100
Time = 12 minutes

Format

- The oral exam lasts **12 minutes**.
- It takes the form of **straightforward questions** put to the student in a fairly direct way.
- The discussion will be about the student's **general interests and life**, e.g. area of residence, school, hobbies, sports, career plans and so on.
- Students may also choose to bring a **document, such as a picture, project or other stimulus item** into the oral exam. The article should **not** be from a textbook and does **not** have to relate to France. This will be marked as part of the general conversation.

Preparing for the oral exam

exam focus

The examiner will mark the conversation under four categories:

- Communication: 30 marks.
- Structures (i.e. grammar): 30 marks.
- Vocabulary: 20 marks.
- Pronunciation: 20 marks.

1. You are marked on **communication**, which means that you can keep the conversation going without long gaps of silence and that you understand the examiner's questions.
2. **Structures** refers to your grammar. Watch out for basics such as 'j'**ai** 18 ans', 'je **suis** allé en France', 'je joue **au** foot'.
3. You will need a broad **vocabulary** for this level. Pay particular attention to the words, phrases and verbs relating to the topics mentioned below. Few marks will be awarded to a student when asked to describe their area, if all he or she can say is 'C'est bon'.

4. **Pronunciation**: The examiner will be listening out for the following: *Track 01*

- The **nasal** vowels: le vin, dans, le don, un.
- The 'aw' sound in '-or': je sors, je dors, je porte, alors.
- The 'r' sound: regarder, chercher, je serai, je ferai.
- Pronunciation of '-ille' in 'ville', but not in 'famille'.
- Correct pronunciation of '-eur' in 'heure'.
- The '-u/ou' sound in 'tu/vous', 'rue/route'.
- '-eil(le)' is pronounced '-ay' as in 'Monday': soleil, bouteille.
- Pronunciation of every **acute accent**: été, école, le ménage.
- Distinction between 'les **gens**' and 'les **jeunes**'.
- The '-gn-' sound in 'je gagne/les montagnes', as in 'onion'.
- '**qu-**' is pronounced like 'k': quand, qui, que, quel, qualifié.
- The difference between '-ier' and '-ière': un métier *(occupation)*, une matière *(school subject)*.

The content of the oral exam mainly concerns **your interests**. Typical subjects are about yourself, your family, where you live, go to school, what you did last summer/weekend (past tense), what you do every weekend (present tense), your plans for the future (future tense), hobbies, sport, school subjects, school facilities and so on.

Topical questions may come up. They may refer to issues concerning school and young people, such as the points race, poverty and other social problems. You don't have to discuss current affairs to get top marks! The majority of students are asked **questions relating to their own interests**.

Examiners are encouraged to start the oral with **easy questions** to relax you: 'Comment vous appelez-vous ?' 'Avez-vous des frères ou des sœurs ?'

They are also encouraged to ask **open-ended** questions, such as: 'Parlez-moi de ce qui vous intéresse.' 'Dites-moi quelque chose de votre famille.' 'Décrivez votre quartier.'

The idea here is to allow you some scope to talk at reasonable length and to show off your French.

Vary your language, e.g. how many ways can you say 'je suis allé' when describing a journey or holiday? Try these:

Je suis parti de chez moi.   Nous **avons voyagé** en car.
Je **suis arrivé** à Nancy.   Nous **avons conduit** jusqu' à Nice.
J'**ai visité** le musée d'art.   Nous **avons roulé** 200 km.
J'**ai vu** la Tour Eiffel.
J'**ai rendu** visite à mes copines.

1   The common verb that is missing from the above examples is 'aller'. This verb is overused. Fluency boosts grades. For example, if talking about **career plans** you could say:

Je vais être dessinateur/J'espère **devenir** dessinateur.
Je **voudrais être** …

2   To like something:
In answer to questions such as 'Le sport, ça vous plaît?',
answer: 'Oui, ça me plaît.'
Question: 'La lecture, ça vous intéresse ?'
Answer: 'Oui, ça m'intéresse beaucoup.'

3   To wish, want:
Je **voudrais** devenir acteur après l'école. (vouloir)
Que **désirez-vous**, Monsieur ? Je **veux** acheter un pardessus.
Je n'**ai pas envie de** sortir ce soir. (avoir envie de – *to feel like*)
Je vous **souhaite** un joyeux anniversaire. (souhaiter – *to wish, used in greetings*)

You can introduce pre-prepared material, i.e. **a project, photo, picture, article** that you are allowed to talk about. Students often think that it is sufficient to describe what is in the picture/photo; they **are not able to discuss** it or they are poorly prepared to **talk around** the subject.

For instance, if you bring in a photo of your brother's 21st birthday party, you could be asked about the problems of drinking alcohol and maybe even late-night anti-social behaviour – you really must be **well prepared**.

Sample conversations

Ensure that you **develop a simple area**, such as your age. Don't just say 'J'ai dix-huit ans' and leave it at that. Instead, elaborate on it, e.g. talk about your **birthday, presents, party** and so on.

This goes for almost all questions. Even your name can provide a little mileage: you could say 'Je m'appelle William, mais mes amis m'appellent Bill' instead of just saying 'William'.

The ability to **vary your vocabulary** and to develop a subject will earn you a considerable increase in marks!

- Qu'est-ce que vos parents vous ont donné comme cadeau ?
- Ils m'ont acheté un appareil-photo japonais. C'est formidable.
- Vous vous intéressez à la photographie ?
- Oui, depuis longtemps. Je suis un passionné de photographie.

Early on in the oral exam, you can and should dominate the conversation by **directing the examiner** towards areas of your own interest. For example, answering the question about birthday presents allows you to talk about a hobby, like photography. The following sample conversations give an idea of how you can do this.

Vous-même

- Comment vous appelez-vous ?
- Je m'appelle Janice, mais mes amis m'appellent Jan.
- Quel âge avez-vous ?
- Je viens de fêter mon dix-huitième anniversaire. Je suis née le neuf avril mil neuf cent quatre-vingt-dix.
- Qu'est-ce que vous avez fait pour fêter votre anniversaire ?
- J'ai fait une boum chez moi. Il y avait vingt invités. J'ai reçu pas mal de cadeaux de mes amis. On s'est bien amusés ensemble. Malheureusement, on a laissé tomber du café sur la moquette *(carpet)*.

La famille

- Combien êtes-vous dans votre famille ?
- Nous sommes sept : mes parents, mes deux frères qui sont plus âgés que moi, mes deux sœurs et moi. Je suis la cadette de la famille.
- La cadette ? Alors, êtes-vous gâtée ?

- Non, je ne suis pas gâtée. Mes parents nous traitent de manière égale. Je ne suis pas plus avantagée que mes frères et sœurs.

- Est-ce qu'il y a des inconvénients à être la plus jeune ?

- Oui. Mes parents veulent que je me comporte comme une adulte. Je dois avoir de bonnes notes en classe comme mes frères et mes sœurs. Qui plus est, je ne peux pas regarder mes émissions préférées à la télé.

- Que font vos parents dans la vie ?

- Mon père travaille comme comptable **chez** IBM. Ma mère est infirmière. Elle travaille à temps partiel trois nuits sur sept dans un hôpital.

> When you are saying that a parent 'works' for a company, 'for' is best translated by **'chez'**.

- Est-ce que vous aidez vos parents chez vous ?

- Oui, certes. Je dois ranger ma chambre et faire la vaisselle. De temps en temps je passe l'aspirateur dans le salon. La plupart du temps je fais les courses.

Leave out the indefinite article 'un/une' when saying what someone does for a living:

Mon frère est médecin. *My brother is a doctor.*

Il veut être dessinateur. *He wants to be a designer.*

L'école

- L'école, ça vous plaît ?

- Oui, ça me plaît parfois. Cependant, on a trop de devoirs à faire. Tout compte fait, c'est normal en Terminale.

- Qu'est-ce que vous aimez le plus à l'école ?

- Ce que j'aime le plus c'est mes copines. Sans elles, ça serait très ennuyeux pour moi.

- Et les profs ?

- On s'entend bien. Les profs sont assez sympas et nous aident beaucoup. Il y en a une avec laquelle je me dispute *(There's one with whom I argue)*. Nous sommes tous différents, n'est-ce pas ?

PAY ATTENTION

Listen out for **prepositions** used in the examiner's questions. In a question about your interests you might be asked 'À quoi vous intéressez-vous ?' Your reply might be: 'Je m'intéresse à la lecture.'

En quelle matière êtes-vous faible ?   *In what subject are you weak?*
Je suis faible **en** maths.   *I'm weak in maths.*

De quelle ville est-il parti hier ?   *What town did he set out (leave) from yesterday?*
Il est parti **de** Rome.   *He set out from Rome (he left Rome).*

Le sport

- Vous faites du sport ?

- Oui, je suis très sportive. Je joue au hockey ; je suis membre de l'équipe de l'école. Je m'entraîne avec l'équipe deux fois par semaine. J'ai marqué deux buts la semaine dernière.

- Félicitations. Vous vous intéressez à d'autres sports ?

- Bien sûr ! Je suis passionnée de cyclisme. Le dimanche matin, je roule vingt kilomètres. En été, je joue au tennis et je participe aux tournois. Je n'ai jamais rien gagné.

When you hear 'vous' twice, you know the verb is **reflexive**:
Vous vous intéressez à d'autres sports ?   *Are you interested in other sports?* So you must reply '**Je m'**intéresse à ...'

This is especially important when speaking in the past tense:
     À quelle heure est-ce que vous vous êtes levé ce matin ?
     Je me suis levé à sept heures.

IMPROVE YOUR MARKS

1   Always **listen to the verb** in the examiner's question! It gives you something to reply with instead of gazing at the wall trying to think of a start to your answer (remember, marks are lost for long gaps in responding to questions).

2   For example, the examiner might ask 'Aimez-vous porter l'uniforme à l'école ?' Once you hear the verb '**aimer**', you know that your answer can begin with either 'Oui, j'aime …' or 'Non, je n'aime pas …' (A wider choice of verbs of liking are given on pages 14–15.)

3   Furthermore, you will also have heard the **infinitive** 'porter'. Thus, you know that you must use it after 'aimer': 'Oui, j'aime porter l'uniforme.'

4   'Avez-vous jamais été en France ?' If you hear the opening '**avoir**' followed by the **past participle** of '**être**' the tense used is obviously the 'passé composé', so you should use the same tense in your reply. You may find it safer to reply using the same verb: 'Non, je n'ai jamais été en France, j'espère y aller l'été prochain.'

Les passe-temps

- À part le sport, comment est-ce que vous passez votre temps libre ?
- D'habitude je vais voir un film au cinéma le samedi soir. Je m'intéresse à la lecture. J'aime lire les romans de Grisham. J'adore son genre de livres. Je n'ai pas le temps de lire beaucoup à cause de mes études. Comme vous savez, je passe le bac en juin.
- Le cinéma, ça vous intéresse ?
- Mais oui, ça m'intéresse beaucoup. Je vais voir un film de temps en temps avec mon petit ami. Ce qui me plaît le plus, ce sont les films d'aventures.
- Quel était le dernier film que vous avez vu ?
- J'ai regardé « Up ». C'était assez bon.

L'argent de poche

- Recevez-vous de l'argent de poche ?
- Oui. Je reçois dix euros par semaine. Je pense que cela suffit pour payer mes sorties du week-end. Cependant, il me faut plus d'argent pour couvrir mes frais quotidiens.
- Vous devez payer d'autres affaires ?
- Bien sûr. Je dois acheter mes affaires d'école, telles que *(such as)* les livres, les stylos, les cahiers et ainsi de suite *(and so on)*. De plus, j'économise pour un séjour en Italie l'été prochain.

- Qu'est-ce que vous faites pour gagner de l'argent ? Aidez-vous à faire le ménage ?
- Oui, j'aide quelquefois. Je passe l'aspirateur, fais le repassage, fais les achats et pendant l'été, je tonds la pelouse pour mes parents.

Un travail à temps partiel

- Avez-vous un petit boulot en été normalement ?
- Bien entendu. J'ai un boulot au supermarché près de chez moi. Ce n'est pas bien payé mais ça m'amuse. Je m'occupe des clients et je remplis les rayons.

L'avenir

- Après l'école, que comptez-vous faire ?
- J'ai l'intention de faire une licence à la Fac. J'espère aller à TCD pour étudier le Droit. Je veux devenir avocate.
- Pourquoi avez-vous choisi cette carrière ?
- Parce que ça m'attire, le droit. Mon père est notaire, et cela a une grande influence sur moi. Je voudrais aussi servir le public.
- Est-ce qu'il vous faut beaucoup de points pour aller à l'université ?
- Certes ! C'est très dur. Bien des élèves n'arrivent pas à obtenir une place à la Fac. C'est dommage ! Ce n'est pas la bonne façon de juger les médecins, les comptables ou les professeurs de l'avenir.
- Si vous aviez le pouvoir de choisir les étudiants, comment le feriez-vous ?
- C'est facile. Je mettrais en place des entretiens pour sélectionner ceux qui conviennent *(who are suitable)* le mieux à telles ou telles études. De cette façon, on choisirait les meilleurs candidats.
- Si vous n'obtenez pas les points requis pour votre choix, que ferez-vous à la place ?
- Je redoublerai.

Le voyage

- Avez-vous déjà voyagé à l'étranger ?
- Oui, une fois il y a deux ans. Quand j'avais seize ans, ma famille et moi avons séjourné en Allemagne. C'était génial.

- Pourquoi l'Allemagne ?

- Parce que le paysage est merveilleux dans le sud du pays. Il y a beaucoup de forêts. Les Allemands sont sympas et aimables. Nous **y*** sommes aussi allés car mon père est connaisseur en vins et il voulait déguster les vins.

- Comment est-ce que vous y êtes arrivés ?

- On est parti de Dublin et nous avons pris le ferry de Rosslare au Havre. On a parcouru le nord de la France. Puis, nous avons traversé la Belgique, et enfin nous sommes arrivés en Allemagne. Il nous a fallu deux jours de voyage, mais ça allait bien.

* This shows **good manipulation** of an answer. The use of a **pronoun** ('y') always impresses.

- Où êtes-vous restés ?

- Nous sommes descendus dans un hôtel à Rothenburg. C'était confortable, mais je n'ai pas aimé la cuisine allemande.

- Êtes-vous jamais allée en France ?

- Non, je ne suis jamais allée en France. Je compte y aller bientôt pour améliorer ma connaissance de la langue.

- Très bien. Bonne chance. C'est tout. Au revoir.

1   **Don't depend on long passages** to be repeated parrot-like in the exam! It seems unnatural – it's coming from a memory bank, not from you. It can reveal that you have a limited vocabulary and that you have to learn by heart. You won't fool the examiner.

2   Some material must, however, be learned off by heart, which can increase your confidence when speaking. Just don't make it sound too obvious by rushing it.

3   Try to **lead the oral** in the direction that you want it to go. For example, if you like an unusual sport like sky-diving, the examiner would probably like to hear about it. An examiner will usually follow the line of dialogue which interests the student.

4 Finally, know your **past tense negatives.**

avoir

Je n'ai **jamais** vu ce film. *I never saw that film.*
Je n'ai **pas** encore décidé. *I haven't yet decided.*
Je n'ai **jamais** été en Italie. *I have never been to Italy.*

être

Je ne suis **jamais** allé à Paris. *I have never gone to Paris.*
Nous ne sommes **pas** allés en Espagne. *We didn't go to Spain.*
Je ne suis **pas** resté trop longtemps. *I didn't stay too long.*

reflexive

Je ne me suis **pas du tout** amusé. *I didn't enjoy myself at all.*
Nous ne nous sommes **pas** amusés. *We didn't enjoy ourselves.*
Nous ne nous sommes **pas** levés avant 7h. *We didn't get up before 7 a.m.*

Pronunciation

Pronunciation (20 marks) will be examined as you speak. The following are the main aspects of pronunciation to be targeted.

The Nasal Vowels

- **in/im:** as in 'pain', 'imperméable', 'principal', 'vingt', 'coincé'. Also in words ending in **'-ien'**, **'-ain'**: américain, bien, ancien.

  To achieve this vowel, say the word 'an'. As above, your tongue touches the roof of your mouth. Repeat the word 'an', but don't allow your tongue to touch the roof of the mouth:

  Matin, instant, impoli, je viens, le terrain de foot, Africain, le lapin, le coin, un dindon, italien. *Track 02*

  Tiens, voilà les Américains au coin.
  Les Canadiens aiment bien le lapin, le vin et le pain.
  Le train vient à dix heures vingt.
  Un instant, je viens de prendre mon bain.
  C'est impossible ! Fumer, ce n'est pas sain. Tu m'inquiètes !

  However, if the word is in its **feminine** form, you should let your tongue reach the top of your mouth: américaine, africaine, certaine.

- **en/an:** as in 'pendant', 'décembre', 'chance', 'rendre'.

  To say this vowel, pronounce the English word 'on' again. Repeat, but don't allow your tongue to touch the roof of your mouth. That is the sound of the French 'en/an':

  Il semble, enfant, maintenant, agent, elle ment, les gens, dans, novembre, le temps, sans, sa tante, allemand, l'an. *Track 03*

  Maintenant, tu mens ! La pendule est en panne.
  En France, les gens mangent de la viande.
  L'étudiant allemand habite à Nantes pendant le printemps.
  Je prends le train en Normandie en novembre.
  L'an dernier, sa tante se sentait mieux.

- **on/om:** as in 'bonbon', 'ton', 'nom'.

  This vowel sound is achieved by saying the English word **'on'** and adapting it. You will notice that your tongue touches the roof of your mouth. Now say **'on'** again, but don't let your tongue touch the upper part of your mouth. Round your lips a little more and you have now got the French sound **'on'**:

  Prénom, liaison, font, sont, thon, raison, le pont d'Avignon, Besançon, son, donjon, façon, Dijon, vont, ont, longtemps. *Track 04*

  Le garçon donne un cadeau à son oncle.
  Non, mon oncle est fonctionnaire.
  Bonjour, est-ce qu'on a des bonbons ?
  Le Pont d'Avignon est une chanson, non ?
  Pardon, on a besoin de conseils sur ce micro-onde.

- **un:** A very rare vowel sound, despite the common article.

  Say the English word 'done'. Repeat it but don't touch the roof of your mouth with your tongue:

   Track 05

  Les soldats ont perdu à Verdun.
  Ce parfum est très bon.
  Un stylo est brun, le mien est brun.
  Aucun problème. Un coup de fil à midi.

  When the letter '-e' comes at the end of '**un**', then the 'n' is pronounced, namely let your tongue touch your mouth:

  Une trousse, une femme, la porte brune, aucune matière.

Consonants 'p' and 't'

The consonants 'p' and 't' are to be pronounced without aspiration, i.e. these consonants are spoken without any release of breath, as is done in English.

 *Track 06*

Hold up a mirror to your mouth. Say: **poser, parler, tant, temps.**

If you have aspirated, then the mirror will fog up. If the mirror is clear, then you got them right.

The Letter 'r'

The letter 'r' is a very difficult one indeed because it's so unnatural for anglophones to vibrate the 'r'. For example, try to pronounce these words like a true French person:

   Elle regarde, par terre, la rédactrice, on est rentré.

 *Track 07*

Try again, but this time clear your throat slightly (as in gargling) when you come across the letter 'r'. Initially, try 'r' after 'g' and 'b': grand, gros, brun.

   Now try these: **rang, rare, rapporter, ramener, rattraper, rue, renverser, ronronner, Renault, renard, raison, rhume, recevoir, roi.**

The Sound '-ille'

The '-ille' sound, as in 'ville'. The '-ll-' is pronounced in a few cases:

   ville, tranquille, mille.

 *Track 08*

However, it is silent in most cases: **famille, fille, habille.**

The Sound 'heure'

Watch out for the 'heure' sound:

   leur, les mœurs, mes sœurs, les fleurs, la peur.

 *Track 09*

The difference between 'u' and 'ou'

 *Track 10*

The difference between '-u/ou', as in 'vu/vous'. For 'vu', say the letter 'e'.
Repeat it, but instead of saying 'e', say 'u'. That is the French 'u' sound. The 'ou' sound is the same as the English 'oo', as in 'school':

> Bu, bout ; tu, tout ; nu, nous ; vu, vous ; pu, pour ; su, sous ; fut, mou.

The sound '-eil'

 *Track 11*

The '-eil' sound is frequently mispronounced. It is pronounced like 'ay', as in 'Monday':

> le soleil, la corbeille, l'oreille, le réveil, une vieille dame, c'est pareil, surveillez-les.

The consonant '-gn-'

 *Track 12*

In the typically French '-gn-' consonant, as in 'Cognac', the 'g' is silent:

> Les montagnes, la ligne, Champagne, les champignons, l'agneau, c'est magnifique, il est mignon.

The ending '-tion'

 *Track 13*

The 't' in '-tion' in French has an 's' sound. 'Attention' is pronounced as though it were spelled 'att-awnce-ion':

> L'inaction, les attractions, avec mention, la situation.

The silent 's'

 *Track 14*

Be careful not to pronounce the letter 's' when it is supposed to be silent:

> Dans la maison, ils jouent, nous donnons des fleurs, les voitures, mes parents, mes deux frères, je lis des livres.

The sound 'é'

Track 15

The sound 'é' is always pronounced rather like 'ay' in 'Monday':

> L'école, j'ai travaillé, j'ai joué, mon équipe préférée, les prix sont élevés, une bonne idée, j'étudie, l'année, l'été.

key point

- The 'je' form of the verb in the present tense hardly ever ends in the 'é' sound: **Je joue, je passe, j'étudie, je regarde, j'écoute, j'habite.**
- Note also that 'et' *(and)* is always pronounced 'é', even before a vowel: **Mon ami et moi, vingt et un, trente et un, et c'est tout.**

The ending '-ent'

Finally, avoid the temptation to pronounce the '-**ent**' ending (in verbs only). This is also a common error:

> **Ils me donnent, elles jouent, ils prennent, ils regardent, elles écoutent, ils veulent, elles s'appellent, ils habitent, ils boivent, elles mangent, ils reçoivent.**

Summary of pronunciation

- Nasal vowels: vin, vent, vont, un.
- Consonants '**p**' and '**t**': poser, parler, tant, temps.
- The letter '**r**': regarder, frère, père, préfère, espère.
- **-ille**: ville, tranquille; famille, fille.
- '**heure**': leur, sœur, fleur, peur.
- **u/ou**: tu, tout; vu, vous; su, sous; bu, bout.
- **-eil**: soleil, oreille, réveil.
- '**-gn-**' sound: montagne, cognac, enseigner.
- '**-tion**': attention, action.
- Liaisons: le**s** élèves, nou**s** avons, il**s** ont, vou**s** êtes (pronounce the bold '**s**' before a vowel).
- Silent '**s**': les voitures, parents, livres.
- '**é**': école, équipe, idée, été.
- **-ent**: ils donnent, habitent, mangent.

Optional vocabulary

The following expressions are useful for conversation (and also for the *Production écrite* questions; see Section 4).

Liking/Preferring Something

J'aime la lecture.   *I like reading.*
J'adore le théâtre.   *I love theatre.*
Le sport, ça me plaît beaucoup.   *I like sport a lot.*
Je me passionne pour la pêche.   *I love fishing.*
Je m'intéresse au cinéma.   *I'm interested in the cinema.*
Elle aime mieux parler allemand.   *She prefers to speak German.*
Ça m'intéresse beaucoup.   *That interests me a lot.*
Je les trouve formidables.   *I think they're great.*

Ce n'est pas mal.   *It's not bad/it's OK.*
Ce que j'aime le mieux, c'est l'informatique.   *What I like best is computer studies.*
J'ai envie de sortir.   *I feel like going out.*

Disliking

Je n'aime pas ça.   *I don't like that.*
Le dopage, ça ne me plaît pas du tout.   *I don't like drugs at all.*
Ça ne m'intéresse pas tellement.   *That doesn't interest me so much.*
Ça ne me dit rien !   *That does nothing for me!*
Je ne peux pas supporter l'impolitesse.   *I can't stand rudeness.*
Je trouve ça difficile.   *I find it difficult.*
J'ai horreur de ça !   *I hate that!*
Il n'y a rien qui me déplaise plus que la violence.   *There's nothing I dislike more than
    violence.*

Enjoyment

Ça m'a beaucoup plu.   *I really liked/enjoyed that.*
C'était formidable/chouette/génial.   *It was terrific/great/brilliant.*
Je me suis bien amusé.   *I enjoyed myself/I had a great time.*

Criticism

Je trouve ça casse-pieds !   *I think it's a pain!*
Ce qui m'énerve c'est que ...   *What annoys me is that ...*
Ça ne me dit pas grand-chose.   *It doesn't do much for me.*
Je crois que c'est ennuyeux.   *I think it's boring.*
L'embêtant, c'est son style.   *The annoying thing is his style.*
Je m'y oppose.   *I'm against it.*
Je doute que ce soit vrai.   *I doubt that this is so.*

Agreeing

D'accord.   *OK/agreed.*
Ça me va.   *That suits me.*
Ça me convient.   *That's OK with me/suits me.*
Si tu veux.   *If you like.*
Je suis entièrement d'accord avec vous.   *I'm in total agreement with you.*
Il est évident qu'elle a raison.   *It's obvious that she's right.*

Giving your Point of View

À mon avis/selon moi/d'après moi ...   *In my opinion/according to me ...*
En ce qui me concerne/pour ma part ...   *As far as I'm concerned ...*
Je soutiens qu'ils ont tort.   *I maintain that they're wrong.*
Ce qui me frappe le plus, c'est la misère.   *What strikes me most is the poverty.*

Indifference

J'ignore tout du rugby.   *I know nothing at all about rugby.*

Cela m'est égal.   *It's all the same to me.*

Je n'en ai aucune idée.   *I have no idea.*

Je n'ai pas la moindre idée de ce que je vais faire.   *I haven't the slightest idea about what I'm going to do.*

Troubleshooters

The following are phrases to help you when you don't understand the question.

Voulez-vous répéter la question, s'il vous plaît ?   *Will you repeat the question, please?*

Pardon, je n'ai pas compris.   *Sorry, I don't understand/I didn't get that.*

exam focus

If you say that you don't understand a question too often, it may result in lower marks for communication. These phrases are to be used as a last resort.

If you want a way out of tricky questions for which you aren't fully prepared or in which you have no interest, try the following:

La politique ? Ça ne me fait pas grand-chose/ça ne m'intéresse pas.   *Politics doesn't do much for me/it doesn't interest me.*

Je regrette, mais je ne sais pas.   *Sorry, but I don't know.*

Je n'en ai aucune idée.   *I've no idea about that/I haven't a clue.*

Je n'en suis pas sûr.   *I'm not sure about it. (en – about it, of it)*

These phrases should only be used as a last resort. Overuse makes it seem like you have a limited vocabulary.

Examiner's report

Over the years, examiners have remarked on a number of **common errors** made by the students.

- One of the most typical mistakes is to **echo** the examiner's questions (repeating the same words as the examiner):

  Recevez-vous de l'argent de poche ?

  Oui, je **reçois** vingt euro. (**Don't make the mistake of saying 'je recevez'.**)

  Quels romans préférez-vous lire ?
  Je **préfère** lire les romans policiers. (**Don't say 'je préférez'.**)

  Allez-vous au cinéma ?
  Oui, je **vais** au cinéma. (**Don't say 'j'allez'.**)

  Aimez-vous voyager ?
  Oui, j'**aime** aller à l'étranger. (**Don't say 'j'aimez'.**)

- Use **pronouns**. They impress the examiner. Some are quite easy to use:

  'Êtes-vous allé à Paris ?' 'Oui, j'y suis allé l'année dernière.'
  'Aimez-vous le sport ?' 'Oui, je l'aime./Non, je ne l'aime pas.'

- **Know your tenses!** This cannot be stressed enough. When you are asked questions in the 'passé composé', listen for key words such as '**Avez**-vous vu ... ?' or '**Êtes**-vous allé ... ?' because they tell you whether to say 'j'ai' or 'je suis' in your answer.

- To finish an answer as we do in English with 'and so on and so forth', 'etc.', 'and that's that' use:

  Le golf, le tennis, la voile **et ainsi de suite**.
  Les Anglais, les Italiens, les Allemands, **et c'est tout, je crois**.

- Many students **mix up** the meanings and/or pronunciation of:

  niveau – *level* (as in 'le niveau ordinaire' – *pass level*); nouveau – *new*.
  certain numbers: *cinq/quinze/cinquante; six/seize*.

- Words **relating to school** were not known, for example:

  niveau supérieur/ordinaire
  des installations

pause-déjeuner

école primaire

facultatif *(optional)*

matière (confused with 'métier')

l'informatique

- Words **relating to further study** were often not used:

  une formation *(training for a job)*

  un stage *(a course)*

  une licence *(a degree)*

- 'Collège' is not a university! It is a junior secondary school. Students use the wrong word 'facilités' to describe 'les installations'. (You can also say 'les équipements'.)

- Many pupils think that 'to attend' school is 'attendre'. It isn't. Just say, 'Je vais au lycée Sacred Heart'.

- Giving the **wrong tense** as a result of **misunderstanding** the question is a serious error. Thus, when candidates were asked, 'Qu'est-ce que vous allez faire **l'année prochaine** ?' some thought it meant 'last year', so they used the past tense. Learn: l'été dernier/prochain, la semaine dernière/prochaine.

- Know your **genders** for basic words such as: mon père, ma mère, sa sœur, mes parents, ma petite amie.

- The article 'de' instead of 'des' in certain cases: beaucoup de gens (**quantities**); je n'ai pas de frères (**negative**).

- Don't use **prepositions** when they are not needed in French:

  Nous avons regardé le match.   *We have been looking at the match.* ('at' is not needed)

  J'écoute mes disques.   *I listen to my CDs.* ('to' is not needed)

  Be careful with other prepositions:

  en France   *to/in France*

  à Dublin   *to/in Dublin*

  Mon ami joue **au** foot/je joue **du** piano/elle fait **du** sport.

- Many exceptional **past participles** were not known:

  J'ai dû jouer.   *I had to play.*

  J'ai pris une limonade.   *I had (took) a lemonade.*

- The difference between 'it is/there are':

  c'est   *it is*

  c'était   *it was*

  il y a   *there is/there are*

  il y avait   *there was/there were*

- Too many candidates answered merely 'Oui' or 'Non' rather than developing their answers.

- Take care when giving people's **ages**:

  J'**ai** dix-huit ans et ma sœur **a** vingt ans. (always use 'avoir')

- Note also the '**futur proche**':

  Je **vais** passer du temps à l'étranger.   *I am going to spend some time abroad.*

Typical subjects

The following are some of the typical subject areas usually covered in the oral examination. Provided below are several sample dialogues presented in a question/response style.

1   If working alone at home, you could sit in front of a mirror and **ask yourself the questions**. Then speak aloud to yourself in the mirror as if **you** are speaking to the examiner. Later, use a tape recorder or your mobile phone/camera.

2   Read out one of the questions and record it, allowing a short pause for your answer, then read out the next question and so on. Next, play back the recording, listen to the questions and respond aloud as if you are speaking to someone.

3   These are good exercises for answering under pressure, timing your answers and saying them aloud. It's a simulated oral test.

Le sport

Don't give one-word answers like 'oui', 'non' or 'le foot' because you're putting pressure on the examiner to come up with more questions. You will lose out on vocabulary marks. Expand as shown here.

- **Vous pratiquez du sport ?/Êtes-vous sportif/sportive ?**

  Oui, je suis sportif/sportive. J'aime les activités de plein air. Je fais du cyclisme toute l'année. Je me passionne aussi pour l'athlétisme.

- **Quels sont les sports les plus populaires dans votre école ?**

  Ce sont le rugby, le badminton et le tennis. Le rugby est le plus populaire des trois.

- **Pourquoi est-ce qu'on préfère en général les sports d'équipe ?**

  Être membre d'une équipe, ça donne du plaisir. Il faut travailler en harmonie avec ses co-équipiers. On se fait beaucoup d'amis. On fait partie d'un groupe.

- **Que fait-on à l'entraînement de rugby/foot/hockey ?**

  On court, on saute, on fait des tractions et de la gymnastique. C'est dur et on est épuisé après l'entraînement. Mais on s'amuse !

- **Combien d'heures par semaine passez-vous à faire du sport ?**

  Hélas, la saison de rugby/foot/hockey est terminée. En ce moment j'étudie pour mon bac. Alors, je n'ai pas le temps pour le sport. Pendant la saison dernière, je me suis entraîné trois fois par semaine, avec un match chaque week-end.

- **Aimez-vous regarder le sport à la télé ?**

  Oui, je regarde la Coupe du Monde, les Jeux Olympiques, les courses de chevaux et ainsi de suite.

- **Êtes-vous membre d'un club de golf ?**

  Oui, je suis membre du club de Skerries. Qui plus est, je fais partie de l'équipe de l'école. Cependant, je suis en Terminale et je dois me consacrer à mes études.

- **À quoi bon le sport ?**

  C'est bon pour la santé, pour se tenir en forme. Quand on fait du sport, on ne s'ennuie pas. C'est important pour former le caractère. Certains pensent que le sport contribue au développement personnel. C'est aussi une période de décontraction.

- **À quoi sert l'exercice physique alors ?**

  Ça sert à maintenir une vie équilibrée. Il faut prendre de l'exercice. Ça vous tient en forme.

- **Croyez-vous qu'on attache trop d'importance au sport dans votre école ?**

  Non, mais l'éducation physique est obligatoire pour tout le monde. Si on fait partie de la première équipe de rugby/foot/hockey, on prend le sport au sérieux. C'est entendu. Pour le reste, on peut participer au sport si on veut. Ça me convient.

Vocabulary

Je suis sportif/sportive. *I am interested in sport.*	se consacrer à *to devote yourself to*
ses co-équipiers *his team-mates*	se tenir en forme *to keep fit*
On fait des tractions. *We do press-ups.*	la décontraction *relaxation*
ainsi de suite *and so on*	Ça me convient. *It suits me.*
	Qui plus est *What's more; moreover*

L'argent de poche

- **Est-ce que vous recevez de l'argent de poche ? Est-ce que vos parents vous donnent de l'argent de poche ?**

  Oui, je reçois dix euros par semaine/ils me donnent dix euros par semaine.

- **Comment est-ce que vous gagnez de l'argent ?**

  J'ai un petit boulot au supermarché. Je gagne dix euros de l'heure.

- **Que faites-vous de cet argent ? Comment est-ce que vous dépensez l'argent ?**

  Je dépense mon argent pour mes frais de transport, mes affaires pour l'école, les friandises. J'achète aussi des CDs. En plus, je dois payer le prix d'entrée en boîte le samedi.

- **Vous croyez que ça suffit ?**

  Non, ça ne suffit pas. C'est dur de joindre les deux bouts. Tout est cher.

- **Avez-vous demandé à vos parents d'augmenter votre argent de poche ?**

  Certes, mais mes parents sont assez sévères. Ils ont déjà refusé. Ils m'ont dit que je devrais trouver un petit boulot pour avoir plus d'argent.

- **Est-ce qu'il vous faut faire de petits travaux à la maison en échange de l'argent de poche ? Est-ce que vous donnez un coup de main dans la maison ?**

  Oui, mais pas trop. Je range ma chambre et je fais la vaisselle pour ma mère. Le week-end, je passe l'aspirateur dans le séjour. Le lundi matin, je sors les poubelles. En été, je tonds la pelouse et lave la voiture. J'aide parfois ma mère à préparer les repas.

- **Est-ce que vous achetez des cigarettes ?**

  Non. Je ne fume pas. Je ne gaspille pas mon argent. Je travaille dur pour gagner mon argent.

- **Épargnez-vous de l'argent ?**

  Si je peux, je mets mon argent à la poste où l'on me donne un bon taux d'intérêt.

- **Pourquoi faites-vous des économies ?**

  J'économise pour une moto que j'espère acheter d'occasion l'année prochaine.

- **Pensez-vous que les jeunes reçoivent trop d'argent de poche ?**

  Non, en général. En revanche, le coût de la vie est très élevé. Les affaires d'école et les sorties avec les copains coûtent cher.

Vocabulary

les friandises *sweets*	d'occasion *second-hand*
joindre les deux bouts *to make ends meet*	en revanche *on the other hand*
donner un coup de main *to give a hand*	Le coût de la vie est très élevé. *The cost of living is very high.*
sortir les poubelles *to take out the bins*	
le taux d'intérêt *the rate of interest*	

L'école

- **Depuis quand venez-vous dans cette école ?**

  Je viens ici depuis six ans.

- **Êtes-vous souvent en retard ?**

  Non, presque jamais. De temps en temps, quand la circulation est mauvaise, j'arrive en retard.

- **Combien de cours avez-vous pendant une journée typique ?**

  J'en ai neuf. C'est beaucoup.

- **Les cours durent combien de temps ?**

  Ils durent quarante minutes.

- **Qu'est-ce que vous faites pendant la récréation ?**

  Je traîne et bavarde avec mes copains dans la cour. On s'amuse un peu.

- **Quelle est votre matière préférée ? Pourquoi ?**

  Les maths, parce que j'aime faire des calculs. Je suis doué pour ça. J'aime bien les chiffres.

- **Y a-t-il une matière que vous aimez le moins/que vous ne pouvez pas supporter ?**

  Oui, je ne peux pas supporter le commerce. C'est trop ennuyeux.

- **Comment êtes-vous en gaélique ?**

  Je suis moyen en gaélique.

- **Quelles installations sportives y a-t-il dans votre école ?**

  On a un gymnase et une salle de musculation. Nous avons aussi des terrains de rugby. Il y a une piscine et une piste d'athlétisme. Nous avons de la chance.

- **Est-ce qu'on vous donne beaucoup de devoirs à faire ?**

  Bien sûr. On nous donne pas mal de devoirs.

Useful expressions

Ça me prend dix minutes pour arriver ici.   *It takes me ten minutes to get here.*
Je passe mon bac (baccalauréat).   *I'm doing my Leaving Cert.*
On a une pause.   *We have a break.*
L'histoire, ça ne me plaît pas.   *I don't like History.*
Je trouve ça casse-pieds !   *I think it's a pain!*
Je parle espagnol couramment.   *I speak Spanish fluently.*
Je peux soutenir une conversation en allemand.   *I can hold a conversation in German.*
Je sais me servir d'un ordinateur et d'un traitement de texte.   *I can use a computer and a word-processor.*
le proviseur/le directeur/la directrice   *Principal* (lycée/collège)
la politesse   *good manners*
Je bosse tous les samedis matins.   *I study/work every Saturday morning.*

Je fais partie de l'équipe de tennis.   *I am part of / a member of the tennis team.*
On porte un blazer à écusson.   *We wear a blazer with a badge.*
Il est démodé.   *It's outdated.*
Il n'est pas « dans le vent ».   *It's not cool / up to date / 'with it'.*
J'ai fait l'école buissonnière.   *I bunked off school.*
On nous colle/on nous met en retenue le samedi.   *They put us in detention on Saturdays.*
Mes notes étaient moches.   *My marks were lousy.*
Je fais de mon mieux.   *I do my best.*
Je préfère le contrôle continu.   *I prefer continuous assessment.*

1   **Ce que j'aime à l'école :**
On voit les copains et on s'amuse ensemble. On traîne avec la bande.
Il y a des matières que j'aime, telles que l'histoire. Ça m'intéresse.
Je fais du sport. J'aime les sports d'équipe.

2   **Ce que je n'aime pas :**
Je n'aime pas certains profs.
Il y a trop de règlements.
Il y a le racket. Ce n'est pas juste.
On ne fait pas assez de sport.
On nous donne trop de devoirs.

3   **L'uniforme : Êtes-vous pour ou contre l'uniforme ?**
Pour :   Il nous donne une identité.
Il n'y a pas de pression entre les élèves par rapport à la mode.
On ne doit pas choisir les vêtements le matin.
Je trouve que c'est pratique.

Contre :   Nous sommes des individus, et je veux porter ce que je veux.
Nous sommes tous les mêmes.
On a l'air d'être contrôlé.

La drogue

- **Est-ce qu'il y a un problème de drogues dans votre école/quartier ?**

  Oui, mais ce n'est pas aussi grave dans les lotissements que dans les cités. Il y a certains élèves qui se droguent. Pour moi, c'est idiot. C'est nuisible à la santé.

- **Pourquoi est-ce qu'on se drogue ?**

  La plupart des toxicomanes sont des adolescents qui viennent des foyers touchés par la misère ou le chômage. Ces problèmes ne s'éloignent *(go away)* jamais. On se drogue par curiosité. En plus, il y a la pression exercée par les copains.

- **Est-ce que le problème ne touche que la classe ouvrière ?**

  Non, cela touche toutes les couches sociales, les pauvres aussi bien que les milieux « aisés ».

- **Connaissez-vous quelqu'un qui soit toxicomane ?**

  Non, je ne connais personne.

- **Est-ce qu'on vous a déjà offert des drogues ?**

  Oui, ça s'est passé dans une boîte, mais je les ai refusées.

- **Est-ce qu'il existe dans les écoles une campagne contre la drogue ?**

  Bien entendu. On enseigne aux élèves les dangers de la drogue et du dopage. Partout dans les couloirs, on voit des posters aux murs avec le message « À bas les drogues ! »

- **Que faut-il faire pour faire face à ce problème ?**

  Il faut que les pouvoirs publics exercent plus de pression sur les trafiquants. Les vedettes du cinéma et de la télé devraient condamner les drogues.

Vocabulary

les lotissements *well-off owner-occupied houses*	faire face à *to confront*
les cités *rental, low-cost council houses*	les trafiquants *dealers*
les toxicomanes *addicts*	les vedettes *stars*

Les langues vivantes

- **Depuis quand apprenez-vous le français ?**

  J'apprends le français depuis cinq ans.

- **Avez-vous eu le choix entre plusieurs langues en sixième ?**

  Non, c'était obligatoire d'étudier le français. Mais on avait le choix entre l'allemand et les travaux manuels. Il est important d'apprendre une langue.

- **Le français, ça vous intéresse ?**

  Oui, ça m'attire beaucoup. Je crois être doué pour ça.

- **Pourquoi est-ce qu'on étudie les langues vivantes ?**

  Parce qu'on doit savoir parler au moins deux langues pour obtenir un bon emploi et pour mieux communiquer avec nos partenaires européens. Après tout, nous faisons la plupart de notre commerce avec l'UE.

- **Y a-t-il d'autres raisons pour étudier une langue étrangère ?**

  Oui, certes. Il faut savoir se débrouiller quand on se trouve dans un pays étranger. Qui plus est, il y a de plus en plus d'emplois dans le domaine du tourisme.

- **Comment trouvez-vous la grammaire française ?**

  Je la trouve assez difficile. Il faut que je me rattrape constamment.

- **Quelle est la meilleure façon d'apprendre une langue ?**

  Selon moi, il faut aller dans le pays d'origine et y rester pendant deux ans.

- **Avez-vous des projets pour aller à l'étranger ?**

  Oui. J'ai envie d'aller en France pour travailler comme cuisinier.

- **Pourquoi la France dans ce cas ?**

  Parce que c'est le centre de la haute cuisine. Tous les meilleurs chefs ont étudié en France.

- **Est-ce que vous vous exercez à parler français en classe ?**

  Bien sûr. Le prof nous divise en groupes et nous nous parlons en français.

Vocabulary

en sixième   *first year in French schools (the French operate in reverse order)*
se débrouiller   *to cope*
Est-ce que vous vous exercez à … ?   *Do you practise … ?*

La musique

- **Écoutez-vous de la musique ?**

  Ah oui ! C'est mon passe-temps favori. J'écoute toutes sortes de musique, telles que le jazz, le rock et ainsi de suite.

- **Est-ce que vous jouez d'un instrument ?**

  Oui, je joue de la guitare.

- **Vous exercez-vous beaucoup ?**

  Bien entendu. Je joue pendant au moins huit heures par semaine, dont deux heures chez mon copain. Nous avons formé un groupe.

- **Très bien ! Vous avez beaucoup de succès ? Vous donnez des représentations dans des boîtes, à des fêtes ?**

  Pas vraiment. En fait, pas du tout parce que nous ne sommes pas formidables ! On fait des efforts. En même temps, on s'amuse.

- **Depuis quand êtes-vous guitariste ? Quand est-ce que vous avez commencé à jouer de la guitare ?**

  J'ai commencé à prendre des cours à l'âge de quatorze ans. J'apprenais à jouer du piano à l'école depuis trois ans, mais ça m'ennuyait. J'ai trouvé ça trop difficile.

- **Avez-vous une chaîne hi-fi chez vous ?**

  Oui, j'ai aussi un ordinateur pour télécharger ma musique. Il faut payer la musique. En partant pour l'école, je mets mon MP3. J'aime écouter de la musique en marchant. C'est très décontractant.

- **Est-ce qu'on permet les MP3 à l'école ?**

  Non, c'est interdit. On peut nous les confisquer. C'est embêtant.

- **Avez-vous une collection de disques ?**

  Oui, j'ai une bonne collection de disques. Je reçois beaucoup de disques comme cadeaux. J'achète des CD avec mon argent de poche, mais ils sont très chers.

- **Est-ce que vous assistez souvent à des concerts ?**

  Pas souvent. Seulement quand un supergroupe, tel que « Radiohead », donne une représentation. Pourtant, ça coûte très cher d'aller aux concerts.

- **Êtes-vous membre de l'orchestre de l'école ?**

  Oui, je joue dans l'orchestre de temps en temps, quand il y a une séance.

Que feriez-vous si … ? *(What if … questions)*

- Que feriez-vous si vous étiez directeur du lycée ? *What would you do if you were the school principal?*

  Si j'étais directeur :

  - je ne changerais rien.
  - je rendrais les cours moins longs.
  - j'annulerais les examens sauf les examens blancs.
  - je changerais l'uniforme.
  - je permettrais aux élèves de porter ce qu'ils veulent.
  - je voudrais améliorer la cuisine à la cantine.
  - si je pouvais, je mettrais en place le contrôle continu.

Vocabulary

je rendrais *I would make*	améliorer *to improve*
J'annulerais les examens sauf les examens blancs. *I would cancel exams except for the mocks.*	je mettrais en place *I would set up/put in place*
	le contrôle continu *continuous assessment*

- Que feriez-vous si vous gagniez le gros lot ? *What would you do if you won the lotto?*

  Si je gagnais le gros lot :

  - j'en partagerais avec ma famille et mes amis.
  - j'en donnerais beaucoup aux pauvres/à une organisation caritative.
  - je voyagerais/j'irais à l'étranger.
  - j'achèterais une belle maison pour mes parents.
  - j'en économiserais pour l'avenir.

Vocabulary

en *some*	une organisation caritative *a charity*
j'en partagerais *I would share some of it*	j'économiserais *I would save*

L'internet

- **Savez-vous surfer l'internet ?**
    - Oui, je sais le surfer.
- **Que faites-vous sur l'internet ?**
    - J'achète des billets de concert.
    - J'envoie des méls à mes amis.
    - Je peux télécharger de la musique.
    - Je peux graver des disques, et je les paye bien sûr.
    - Je lis les informations.
    - Je joue aux jeux électroniques.
- **Est-il dangereux pour les enfants ?**
    - Oui. Les parents doivent surveiller les enfants quand ils utilisent l'ordinateur.

Vocabulary

télécharger *to download*	graver des disques *to burn CDs*

Mon séjour en France

- **Quelles sont les différences entre l'Irlande et la France que vous avez remarquées ?**
    - D'abord, la cuisine. On mange bien en France. On n'utilise pas trop le four à micro-onde. On mange beaucoup de plats faits « maison ». Les légumes sont très frais. J'ai surtout aimé les escalopes et les glaces.
    - Les heures des repas sont différentes. Le soir, on dîne plus tard et le dîner dure une heure et demie.
    - Les écoliers ne portent pas d'uniformes. Les cours commencent à huit heures et se terminent à cinq heures avec deux heures pour la pause du déjeuner.
    - Le temps est plus chaud. Il ne pleut pas aussi souvent qu'en Irlande.
    - Je trouve que les Irlandais sont plus aimables et plus accueillants que les Français. Nous sommes moins ouverts que les Français.

Vocabulary

accueillant *hospitable*	ouvert *open*

Oral options

Document

This is a picture, photo, project or any other stimulus item which interests you. You present this to the examiner who will then ask you questions about it. It *does not* have to relate to France, and must not be taken from a textbook.

There is **no set time** for this aspect of the oral, nor are there **specific marks** for it.

- Remember that the examiner won't have read or seen your document until you produce it at the exam. This can be to your advantage because the range of questions should be limited.
- The time involved depends on how well prepared you are.
- It is likely that this section of the oral exam will take place during the **second half** of the test and will be included as part of the normal conversation.
- Try to **anticipate** the likely questions that you could be asked. You could **ask friends or family** to view your document and pose questions about it.

Photo

The details in the photograph may lead to a discussion of some related theme. For example, a photo of a French holiday might lead to a discussion about the **differences between Ireland and France.**

Sample questions
Quelles différences avez-vous remarquées entre les Français et les Irlandais ?
Entre l'Irlande et la France ?

Sample answers
D'abord, le temps en France est plus chaud qu'ici en été.
La cuisine est très différente et variée. On mange beaucoup de légumes crus *(raw)* et de poisson. Ça dépend de la région.
Les Français sont polis, et plus ouverts que les Irlandais.
Les rues sont plus propres qu'en Irlande.

The following questions could be asked if the document is a **holiday photo:**

Qui est dans cette photo ?
Où avez-vous pris la photo ? Qui a pris la photo ?
Vous y êtes allé en vacances ? Quand ?
Avez-vous pris le ferry ? De Cork ?
Avez-vous eu le mal de mer *(did you get seasick)* ?

Picture stimulus

Sample conversation

Examinateur : Qu'est-ce qui se passe dans cette image ? *(What's going on in this picture?)*
Étudiant(e) : C'est mon groupe favori, The Coronas. Ils donnent une représentation à la salle O₂. Ils sont sur la scène. *(It's my favourite group, The Coronas. They are performing at the O₂. They are on the stage.)*

Examinateur : Pourquoi avez-vous choisi cette image ? *(Why did you choose this picture?)*
Étudiant(e) : Je l'ai choisie parce que la musique m'intéresse tellement. Ça, c'est mon passe-temps préféré. Quand j'ai un moment de loisir, je passe un CD de ce groupe. J'ai vu le groupe à un concert. C'était formidable. *(I chose it because I am so interested in music. It's my favourite pastime. When I get a moment's free time, I put on a CD of this group. I saw the group at a concert. It was great.)*

Vocabulary

les montagnes russes *roller-coasters*	Elle souligne le problème de nos rues sales.
le centre aquatique *waterworld*	*It (fem) highlights the problem of our*
les toboggans *slides*	*dirty streets.*
au premier plan *in the foreground*	Je trouve cette image passionnante/
à l'arrière *in the background*	inquiétante/frappante. *I find this*
se bronzer *to get a tan*	*picture exciting/worrying/striking.*
prendre un bain de soleil *to sunbathe*	Parce qu'elle me fait penser à un roman que
Cette image montre le parc d'attractions.	j'ai lu. *Because it reminds me of a*
This picture shows a theme park.	*novel that I read.*

Some sample ideas for photos might include the following.

Ce sont des jumeaux de Dublin. Ils ont participé à l'émission « X Factor » en Angleterre. Ils sont un peu fous, avec une drôle de coupe de cheveux et ils portent des vêtements bizarres. *(They are twins from Dublin. They took part in the programme X Factor in England. They are a little crazy, with funny haircuts and they wear strange clothes.)*

Je ne crois pas qu'ils sachent chanter, mais ils sont très célèbres et les filles sont folles d'eux. *(I don't think that they can sing, but they are very famous and girls are mad about them.)*

Jedward

Thierry Henry

This could lead to a discussion about music and talent shows.

What would you say about this photo? Here are some ideas:

En Irlande, nous avons tous été choqués par la main de Thierry Henry ... a permis à la France de se qualifier pour la Coupe du Monde ... c'est une tricherie ... Thierry Henry aurait dû être honnête et reconnaître son erreur ...

Novel/Article

Sample conversation

Examinateur : Cet article est tiré de *(is drawn from)* quel texte ?

Étudiant(e) : Il provient d'une revue *(it comes from a magazine)* qui s'appelle « l'Express ».

Examinateur : Lisez-vous souvent ce magazine ?

Étudiant(e) : Non, ma mère l'achète une fois par mois.

Examinateur : Bon, alors, de quoi s'agit-il, dans cet article ? *(Good, so what's the article about?)*

Étudiant(e) : Il s'agit d'un ... *(It's about a ...)*

Project

Sample questions

Quel était le but *(objective)* de ce projet ?

Est-ce que tout le monde a dû faire le projet ? *Did everyone have to do the project?*

Quelle note avez-vous reçue ? *What mark did you get?*

Avez-vous gagné un prix ? *Did you win a prize?*

Pourquoi avez-vous choisi ce projet ? *Why did you choose this project?*

Vocabulary

Il provient ...	*It comes from ...*	Qu'est-ce qui se passe ... ?	*What's happening ...?*
De quoi s'agit-il ?	*What's it about?*	Je l'ai choisi(e) ...	*I chose it ... (remember to include pronouns)*
Il s'agit de ...	*It's about ...*		

2 Listening Comprehension (Épreuve aurale)

aims
- To prepare for the Aural Exam by listening to spoken French.
- To enable you to answer questions on what you have heard.
- To learn the relevant vocabulary for the Listening Comprehension.

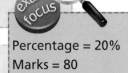

exam focus

Percentage = 20%
Marks = 80
Time = 40 minutes

Before the exam:

- **Practise** listening to CDs as much as possible. You could also tune in to French radio or watch TV5 and French films.

- Keep a small **notebook** to jot down vocabulary that relates to different topics that appear in trial CDs used in class during the year. This **'carnet de vocabulaire'** would also be useful for the opinion/reaction questions.

- Learn basic **vocabulary**, e.g. numbers, weather, types of disasters, emotions, occupations and adjectives. A considerable percentage of answers relate to numbers (numbers killed, number of years, prices of goods, etc.).

- Listen to a **French CD on the morning** of the French exam to attune your ear to the language.

During the exam:

- The supervisor must give you **5 minutes** before starting the CD to read the questions and instructions. Use this time fully and sensibly. Avoid the temptation to gaze nervously around at your classmates. This will make you more nervous!

- Note also the **number of times** that a section will be **played**. It's usually three times for Sections I to IV but twice for Section V.

- All students have a tendency to write down answers while the CD is still playing. However, while you're writing, the CD continues and so you won't hear the rest of the text. Instead, **write answers during the gaps** on the CD.

- If you don't know the answer to a question, at least **guess**! A blank line earns a zero.

- Always **read the questions before listening** to the CD. This way, you will know what to expect in terms of vocabulary and content.

- You can write **two answers on the same line** (unlike in the Reading Comprehension, where they are marked as one).

- If you have to change an answer, make it **very clear** to the examiner.

Sample listening comprehension

Transcripts and solutions are on pp.152–156.

Section I

 Track 18

You will hear a report on an incident concerning a young baby.

1. (i) On what date did this incident occur?

   ....

   (ii) What was the exact sentence handed down to Éric Allarousse?

   ....

2. (i) At whose house was Éric intending to stop on the way to work?

   ....

   (ii) What did he witness on the way?

   ....

3. (i) What had Éric forgotten?

   ....

   (ii) What does the passage say about the relative body heat of adults and children?

   ....

Vocabulary

un accrochage	a fender-bender, bump, collision

Section II

Track 19

Listen to an interview with Erik Orsenna, writer and member of the French Academy, on the subject of the world's water supply.

1. (i) Mention **two** examples of hardship in certain countries, according to Erik Orsenna.

   ....

   ....

   (ii) Give **two** causes for the water crisis facing these countries.

   ....

   ....

   (iii) How does meat production affect the demand for water?

   ....

   ....

2. According to Erik, how do the supplies of water and oil differ?

   ....

3. (i) What will happen to China and India in the future?

   ....

   (ii) What causes the majority of illnesses in the poorer countries?

   ....

Vocabulary

l'assainissement   *purification/decontamination*

Section III   ◉ *Track 20*

Listen to this interview with Emma Watson, who plays Hermione Granger in the Harry Potter films.

1. (i) How does Emma show that she has always been a serious pupil at school?

   ....

   (ii) In what way did the film-makers assist her in her studies?

   ....

2. (i) What steps has Emma taken to enter a university?

   ....

   (ii) What is she impatient to become?

   ....

3. According to herself, what kind of young girl is she?

   ....

Section IV   ◉ *Track 21*

Listen to an interview with Mika.

1. (i) What does Mika do to convince people that he is not a fleeting star *(une étoile filante)*?

   ....

   (ii) Apart from successful hits *(des tubes)*, what does he wish to have?

   ....

2. (i) When did Mika first realise Lady Gaga's potential?

   ....

   (ii) What two things does he admire about Lady Gaga?

   ....

   ....

3. According to Mika, under what circumstances could "Grace Kelly" not have been written?

....

4. Give *two* examples of financial difficulties encountered by his family:

   (i)   ....

   (ii) ....

Section V

Listen to these short news items.

Track 22

1. (i) In what country was the world's oldest musical instrument discovered?

   ....

   (ii) How old were other artefacts found in the Pyrenees?

   ....

Track 23

2. (i) What do women who work in offices suffer from more than men?

   ....

   (ii) What do researchers recommend, and how often?

   ....

Listen while reading the CD script and then check your answers on pages 155–156.

aims

- To understand what you are being asked to do for the Reading Comprehension section of the exam.
- To show you how to answer in the required way.
- To give you practice in dealing with a variety of texts in French.

One comprehension is usually a **literary** piece, taken from a novel. It is likely to contain the 'passé simple', conversations and subjunctives. There is often some descriptive material.

The **other comprehension** is likely to be a **journalistic** passage, with perhaps more modern language.

exam focus

Percentage = 30%
Marks = 120 (2 x 60)
Time = 1 hour (2 x 30 minutes)

exam TIPS

IMPROVE YOUR MARKS

1   If you have time, **underline** the various question words: que, qu'est-ce que, quand, depuis combien de temps, pourquoi? *(what, what, when, since when, why?)*

Certain **question words** are very common:
Relevez dans la première section ...   *Take out of the first section ...*
Trouvez dans la deuxième section ...   *Find in the second section ...*
Citez dans la troisième section ...   *Quote from the third section ...*
Selon/d'après la quatrième section ...   *According to the fourth section ...*
la raison pour laquelle ...   *the reason why ...*
l'expression qui montre que ...   *the expression that shows that ...*
la phrase qui signifie ...   *the sentence that means ...*
le mot qui veut dire ...   *the word that means ...*

2   In the above cases, you are really only asked to write down the **relevant** material directly from the text – but **accurately**! Do not write a whole sentence or paragraph just because it contains the information that you want.

For example, if you are asked to find the **number** of people that a business employs in this sentence:

Aujourd'hui, il emploie vingt-cinq personnes et réalise vingt millions de chiffre d'affaires par an.

only give the precise answer: Il emploie vingt-cinq personnes.

Phrases like 'Trouvez une phrase, des mots ou des expressions qui montrent que ...' are common.
'Une phrase' is a sentence, and that is what you are required to find.
'Mots/expressions' are words and expressions; you do not need to write a sentence.

3   In the Reading Comprehension section, don't repeat the same question construction in your answer:
Pourquoi Antoine voulait-il voir Daniel ... ?
Antoine voulait-il voir Daniel parce qu'il ... (Wrong!)
Instead, the correct way is: Antoine voulait voir Daniel parce qu'il ...

4   One further question concerns finding examples of grammar points, for example:
Trouvez un exemple d'un verbe au 'passé composé'.
If you know your grammar well, you should have no trouble.

5   You may be required to alter the 'person' of the verb. For example, you may have to change 'j'ai balayé le plancher et j'ai rangé la cuisine' to 'il a balayé ... et il a rangé ...'
The task is likely to be a simple one, nothing too complex.

6   The last question is expressed and answered in English. You are examined on details concerning the author's style, character descriptions or events in the comprehension.

exam focus

The best preparation for these comprehension questions is practice and plenty of reading, i.e. short novels or short stories.
Note the vocabulary in the sample passages, as this may be useful for the oral/written exam.

Sample comprehension exercices

Comprehension 1

13 août
IBM DÉVOILE LE 1ᵉʳ MICRO-ORDINATEUR

1. Elle a commencé en 1973, quand deux ingénieurs français, François Gernelle et André Truong, ont conçu le Micral. Un boîtier anonyme, sans écran ni clavier, avec quelques tubes et boutons, fabriqué pour l'Inra afin de mesurer le degré d'évaporation des champs de maïs. Avec une innovation : il est le premier à intégrer un « microprocesseur », un transistor de nouvelle génération, miniaturisé et bon marché, conçu à l'origine pour les montres électroniques. La presse spécialisée américaine n'a pas manqué l'événement, inventant pour l'occasion un nouveau mot, microcomputer, en français, micro-ordinateur.

2. Trois ans plus tard, aux États-Unis, suit l'Altair 8800. Comme le Micral, c'est une simple boîte métallique pourvue d'écran, de clavier et de logiciel, et se monte avec un fer à souder. Le tout pour 398$. Un bijou pour les chercheurs, ingénieurs et autres bidouilleurs. Mais quel rapport avec les super-ordinateurs qu'IBM vend 100 fois plus cher aux banques ou constructeurs automobiles ? L'Apple II, un miracle d'ingéniosité dû à deux jeunots, va faire un carton !

3. Sûr de lui, Bill Lowe poursuit et déroule la liste de ces petites entreprises qui, depuis 1976, multiplient les innovations. Amiga, Tandy, Commodore, Sinclair ou Apple livrent des engins avec un clavier et un écran sur lequel les résultats s'affichent sous forme de lignes. À l'heure où Bill Lowe tente de convaincre l'état-major d'IBM, l'appareil le plus abouti est l'Apple II. Doté d'un lecteur de disquettes, il offre aux utilisateurs un traitement de texte grand public, un tableur, et même un jeu de donjons et dragons, *Wizardry*. Le tout pour 1195$, un prix qui le rend abordable aux petites entreprises ou aux familles aisées. On doit ce miracle d'ingéniosité à deux jeunots : Stephen Wozniak, 27 ans, et Steven Jobs, 22 ans. En 1979, ils ont vendu 35 000 Apple II, soit 400 % d'augmentation par rapport à l'année précédente.

4. On murmure que leur entreprise, qui compte déjà 250 salariés et totalise plusieurs dizaines de millions de dollars de chiffre d'affaires, devrait entrer en Bourse à la fin de l'année 1980. Il n'y a aucun doute, répète Bill Lowe : le succès de l'Apple II annonce une révolution dans le secteur de l'informatique individuelle. Or, à ce jour, IBM n'a aucun concurrent à lui opposer ! Le marché des micro-ordinateurs est minuscule, objectent les hommes en gris.

1. (i) Quelle expression dans la première section montre que ce nouvel ordinateur n'est pas cher ?

....

(ii) Qui a conçu le terme « microcomputer » ? (**section 1**)

....

2. (i) Donnez deux traits (*features*) de l'Altair 8800. (**section 2**)

....

....

(ii) Trouvez dans cette section une phrase qui indique que les grands ordinateurs coûtent une grande somme d'argent.

....

3. (i) Relevez dans la troisième section une phrase qui indique que des sociétés commerciales ont les moyens de s'acheter un ordinateur.

....

(ii) Comment savons-nous que les deux jeunots ont eu la réussite ?

....

4. Relevez les mots qui veulent dire « le revenu d'une entreprise ».

....

5. (i) Trouvez dans la quatrième section un exemple d'un verbe au conditionnel.

....

(ii) Dans la quatrième section trouvez le nom auquel se réfère le <u>pronom souligné</u>.

....

(iii) Relevez le substantif qui veut dire « où on achète et vend des actions ». (**section 4**)

....

6. Explain how computers became accessible to the ordinary family. (**50 words**)

(i) ....

....

(ii) ....

....

Sample answers

1. (i) 'bon marché'. (You want an expression that suggests that the computer is not dear.)
   (ii) 'La presse spécialisée américaine'. (You are being asked who thought up the term. In fact, this is the only subject of the whole last sentence of section 1.)

2. (i) Any two of 'a screen (*écran*), a keyboard (*clavier*) and software (*logiciel*)'. (The clue is the past participle 'pourvue d'' (from 'pourvoir'), meaning 'equipped with'.)
   (ii) 'Les super-ordinateurs qu'IBM vend 100 fois plus cher aux banques'. ('Les grands ordinateurs' – big computers; 'une grande somme d'argent' – a large sum of money.

Note the expression '100 fois plus cher'. Big computers are sold at 100 times the price of small ones to banks and car manufacturers.)

3. (i) 'un prix qui le rend abordable aux petites entreprises' *(a price which makes it affordable for small firms)*. ('Sociétés' are 'companies'; 'le prix' is obviously 'price'.)
   (ii) 'ils ont vendu 35 000 Apple II, soit 400 % d'augmentation par rapport à l'année précédente.' ('Réussite' means 'success'; you may recall 'réussir' – *to succeed*. Note also '400 %' and 'augmentation' *(increase)*. There is mention of the 'preceding year'. 'Soit' means 'i.e./that is'. 'Par rapport à' means 'in comparison with'.)

4. 'chiffre d'affaires' *(revenue, income)*. ('Millions de dollars' helps to locate the answer.)

5. (i) 'devrait' *(should, would have to)*. (I.e. a verb with the **future** stem and **imperfect** endings.)
   (ii) 'L'Apple II'. (The pronoun is 'lui', which refers only to people, things or animals, not places. Thus, it is **singular and masculine**.)
   (iii) 'Bourse'. ('Le substantif' merely means 'the noun', where people *(on)* buy and sell shares. The answer should come close to the mention of millions of dollars.)

6. (i) The new microcomputers were made very small *(miniaturisé)* and cheap *(bon marché)*, which meant that they became accessible and affordable to most people.
   (ii) New companies like Apple and Sinclair came onto the market with innovations, such as equipping computers with a word-processor *(un traitement de texte)*, a spreadsheet *(un tableur)* and games *(donjons et dragons)*.

Comprehension 2

LA ROUMANIE
UN ROUMAIN EXPLIQUE LA PRÉCARITÉ SOCIALE EN ROUMANIE

1. Avec 50 euros de salaire pour dix jours officiels de travail et 85 euros pour le salaire minimum, difficile, voire impossible d'imaginer simplement se nourrir quotidiennement. Marché oblige, les tarifs appliqués dans les magasins alimentaires sont les mêmes qu'en France. Depuis deux ans, Maria n'a pas réglé ses impôts fonciers, le prix à payer pour que ses enfants et petits-enfants, presque tous réunis chez elle, puissent se nourrir chaque jour. Mais Maria trahit son inquiétude, sa lassitude aussi. Les enfants sont bruyants, trop nombreux dans un lieu prévu pour deux.

2. Les tensions sont parfois vives entre des adultes aujourd'hui incapables de subvenir à leurs besoins et contraints, du fait de la loi et de leur pauvreté, de rester sur le sol roumain. « *C'est un cercle vicieux* » confie Marcel. À vingt ans, marié à la petite-fille de Maria, père de Ricardo et Yasmina âgés respectivement de trois ans et d'un an et demi, il étouffe. Marcel souffre. « *Nous sommes contraints de vivre ici, je ne trouve pas de travail. Il y a des réductions de personnel pour les Roumains un peu partout alors en tant que Rom, j'ai de plus en plus de problèmes.* »

3. Pourtant Marcel parle couramment le roumain et l'anglais mais rien n'y fait. De temps en temps, il trouve des réparations à effectuer sur des voitures. De quoi assurer l'achat du lait, du pain et du bois pour se chauffer. Rien d'autre. Les 36 euros pour se rendre à Timisoara à 50 kilomètres de là et valider son passeport, il ne <u>les</u> a pas. Ne pourra, à moins d'un travail durable, les économiser. Pas possible dans ces conditions d'imaginer partir trois mois en France. La France où il sait qu'en vendant les journaux des sans-abri, il pourra gagner jusqu'à 250 euros, une somme plus que suffisante même en France pour vivre sur un terrain.

4. Marcel n'est pas un idéaliste. Il sait qu'en France comme partout ailleurs il y a des expulsions mais, comme il l'explique lui-même, « *Ici on peut mourir de faim si on ne travaille pas.* » Marcel a peur. Il veut une vie normale pour ses enfants, souhaite les voir à l'école. « *Je ne veux pas que l'on me regarde avec pitié et que l'on juge mes enfants parce qu'ils sont pauvres.* »

1. (i) Trouvez la phrase, dans la première section, qui montre qu'il est très difficile de survivre en Roumanie.

....

You are not asked about amounts of pay, just the sentence explaining the 'difficulty of feeding oneself daily'.

(ii) Relevez, dans cette section, un mot qui veut dire « les prix ».

....

2. (i) Montrez que Maria n'a pas payé de taxes depuis assez longtemps. (**section 1**)

....

   (ii) Citez une phrase qui indique que Maria ne se sent pas heureuse. (**section 1**)

....

3. (i) Selon la deuxième section, pourquoi est-ce que les adultes ne peuvent pas partir de Roumanie ?

....

   (ii) Dans la deuxième section, trouvez les mots qui indiquent qu'on traite les différents citoyens de ce pays différemment.

....

4. (i) Dans la troisième section, comment est-ce que Marcel gagne un peu d'argent ?

....

   (ii) Trouvez dans cette section un exemple de participe présent.

....

5. (i) Montrez dans la quatrième section que Marcel désire un meilleur niveau de vie pour sa famille (**un point**).

....

   (ii) Dans la troisième section, pour le pronom souligné, trouvez le nom auquel il se réfère.

....

6. Describe the difficulties faced by these Romanians in their efforts to leave Romania. Provide two points. (**50 words**)
    (i)   ....
    (ii) ....

Sample answers

1. (i) 'impossible d'imaginer simplement se nourrir quotidiennement.' (You are asked to find the sentence in the first section 'which shows' that it's hard to survive in Romania. This isn't too difficult when you see English sounding words like 'salaire minimum', 'difficile', 'impossible' and a word like 'nourrir', from which we get 'nourish'.)
   (ii) 'tarifs'. (You are required to write **one word**, no more; you will lose 1 mark for each extra word. The **answer** is a word similar to the English 'tariffs'.)

2. (i) 'Depuis deux ans, Maria n'a pas réglé ses impôts fonciers.' (You will notice words like 'depuis', which has to do with time, and the less obvious 'impôts', meaning 'taxes'. The question is negative, and Maria 'has not done something'. Don't involve the rest of the sentence, just to be sure that you hit on the right answer: the price to pay so that her children and grandchildren, almost all together in her house, can eat every day. Why she didn't settle (réglé) her taxes is irrelevant.)

   (ii) 'Maria trahit son inquiétude, sa lassitude aussi.' ('Citez' means 'quote', and do only that. Maria 'betrays' or shows her 'anxiety' and her 'weariness'.)

3. (i) 'Parce qu'ils sont contraints, du fait de la loi et de leur pauvreté, de rester sur le sol roumain.' Or 'à cause de la loi et de leur pauvreté'. ('Selon' means 'according to'. Why can't they leave Romania? Look at the word 'contraints', which is almost the same as the English 'constrained'. They are 'constrained' to leave because of …? The words 'loi' and 'pauvreté' remind us of 'law' and 'poverty'. They even sound like them. A 'pourquoi' question should be answered by 'parce que' or 'à cause de'.)

   (ii) en tant que Rom, j'ai de plus en plus de problèmes. (There are apparently two types of Romanian, the 'Roumain' and the 'Rom'. Marcel says that although there are redundancies for Romanians, being a Roma is worse.)

4. (i) 'il trouve des réparations à effectuer sur des voitures.' (There is mention of car repairs and the purchase of bread, milk and wood. You are asked to say how he earns money, not what he spends it on.)

   (ii) 'vendant' (*selling*). (This is a simple question, provided that you know your grammar terms. You are **not** asked for a verb, but a participle; 'suffisante' is also a present participle acting as an adjective (fem); hence the agreement 'e'.)

5. (i) 'il veut une vie normale pour ses enfants.' (Marcel seeks a better standard of living. There are obvious words to help you in this short paragraph.)

   (ii) 'Les 36 euros'. (A standard question which simply asks you to state the word that the pronoun 'les' stands in for. A pronoun replaces a person, place or thing, i.e. a noun. In this case, you are looking for a noun, mentioned before 'les', which is plural. Marcel needs the money to go to Timisoara in order to get his passport. He hasn't got 'them' – the euros.)

6. Two of:
   (i) They can't afford it. The basic pay barely covers the cost of bread and milk: 'incapables de subvenir à leurs besoins' (*unable to provide for their needs*) (subvention – *grant, subsidy*).
   (ii) Many have no jobs. The situation is even worse for the Roma people. This makes the problem of feeding their families more severe: 'je ne trouve pas de travail. Il y a des réductions de personnel pour les Roumains un peu partout.'
   (iii) Even if they managed the fare to France, they could still be deported: 'il y a des expulsions.'

Sample journalistic comprehension questions

Solutions available on pp.156–157

Sample 1

10 idées modernes pour étudier heureux

ÉTUDIEZ, Y A QUE ÇA DE VRAI !

1 *Les chiffres sont sans appel : plus vous poursuivez vos études, moins vous avez de risques d'être confronté au chômage. Étudier, c'est aussi avoir accès au savoir. Deux bonnes raisons au moins de se cramponner ferme aujourd'hui.*

Par Emmanuel Davidenkoff

Rien ne va plus. L'université serait incapable de préparer ses étudiants à trouver un emploi ; les diplômes type BTS-DUT ne vaudraient plus rien ; les diplômés des grandes écoles seraient au chômage. Vous n'y croyez pas ? Vous avez bien raison ! Mais il est des vérités bonnes à rappeler. Même François Bayrou, le ministre de l'Éducation nationale, a semblé le (re)découvrir en juin dernier. Son discours de clôture des États généraux de l'université – vaste consultation de tous les membres de la communauté universitaire – s'ouvrait par trois refus :

1. Non à la « fermeture » de l'université (comprendre la sélection).

2. Non à trop d'autonomie pour les universités – pas question qu'elles fixent librement leurs droits d'inscription ni qu'elles développent une concurrence ouverte.

3. Non, enfin, à la « secondarisation » du supérieur, c'est-à-dire à une baisse des exigences.

Après, il y a l'intendance : les amphis trop petits, le manque de place en bibliothèque universitaire, la maigreur des bourses, les erreurs d'aiguillage qui expliquent pour partie le taux d'échec important des étudiants en premier cycle … De tout cela, le ministre a promis de s'occuper. Sans toucher aux grands principes. Et il n'a pas forcément tort.

2 Les principes de l'université

Que permettent ces grands principes ? En premier lieu, de préserver un semblant d'égalité des chances. D'accord, le fils de patron a toujours plus de chances d'entrer à Polytechnique que le fils d'ouvrier. Et l'échec scolaire, malheureusement, se joue bien avant le bac. Il n'empêche : le niveau général s'est élevé en trente ans, et ce phénomène est à porter au crédit de l'école. 30 % d'une classe d'âge décrochait le bac il y a dix ans. Le chiffre est aujourd'hui de 65 % ! Comme les exigences de la société ont, elles aussi, évolué – le travail purement manuel, qui était la règle il y a quelques décennies, est devenu l'exception ; imaginez ce qui se serait produit si, au lieu d'ouvrir les portes des lycées et des facs au plus grand nombre, on avait décidé de pratiquer une politique sélective ?

Le fossé que l'on constate entre ceux qui ont accès au savoir et ceux qui n'y ont pas accès serait encore plus large.

3 Moins de chômeurs chez les diplômés

Il suffit d'ailleurs d'observer les chiffres pour se convaincre que les études restent le meilleur remède contre le chômage : l'équation « plus votre diplôme est élevé, moins vous risquez de vous retrouver au chômage » fonctionne toujours. En clair, si vous êtes à bac+2 et au-delà, ne sursautez plus en entendant parler du chômage des jeunes. Ce n'est pas de vous qu'il s'agit. Vos problèmes seront d'un autre ordre : vous mettrez un peu plus longtemps que vos aînés à trouver un emploi, il sera peut-être un peu moins bien rémunéré et, surtout, vous risquez de passer par une phase de précarité plus longue.

(Talents)

Vocabulary

vaudraient	*would be worth*	forcément	*inevitably*
l'inscription	*enrolment*	le taux d'échec	*the failure rate*
les exigences	*requirements/demands*	le fossé	*the gap*

1. Dans la première section, citez **deux** raisons pour lesquelles on doit bien étudier.

    (i)   ....

    (ii) ....

2. Selon la première section, quels sont les problèmes que le ministre de l'Éducation nationale doit résoudre (mentionnez-en **deux**).

    (i)   ....

    (ii) ....

3. (i) Comment savons-nous que le niveau de l'éducation dans les écoles secondaires s'est amélioré ?

    ....

    (ii) Trouvez des synomymes pour:
    (a) des universités (**section 2**)

    ....

    (b) bien payé

    ....

4. Dans la troisième section, relevez la phrase qui montre que, de nos jours, il est plus difficile de trouver un poste que jadis (*in former times*).

    ....

5. Relevez dans le texte un exemple de:
    (i) verbe au passif (**section 1**)

    ....

    (ii) verbe pronominal (**section 1**)

    ....

6. Is third-level education the best option for French school leavers? (**2 points**)

    ....

    ....

Sample 2

SIDA : SERINGUES GRATUITES, UNE PREMIÈRE CONTROVERSÉE

La Communauté française et MSF veulent offrir des seringues propres pour freiner l'épidémie de sida chez les toxicomanes. Polémique.

1. Lutter contre le sida ?
Un casse-tête pour les spécialistes de la prévention. Si les messages généraux d'information ont quelque chance de faire mouche chez les jeunes, toucher des populations plus ciblées comme les homosexuels et – surtout – les toxicomanes, s'avère encore beaucoup plus difficile. Et chaque minute de silence tue.

Si l'on ne parle plus depuis longtemps de « populations à risques » (aucun milieu n'est désormais épargné), certains groupes continuent de payer plus que d'autres leur tribut à l'épidémie. Ces deux dernières années en Europe, plus d'un tiers des cas de sida déclarés l'ont été chez les toxicomanes.

2. Pour endiguer le fléau, la division « HIV » du Comité de concertation sur l'alcool et les autres drogues (CCAD), dépendant de la Communauté française, et Médecins sans frontières, ont décidé de passer à l'action. Leur projet : installer un comptoir d'échange de seringues. Une camionnette stationnerait à certaines heures dans un quartier de Bruxelles. Une première en Belgique, soutenue par l'Agence de prévention sida.

Il ne s'agirait pas seulement d'échanger des seringues mais aussi de diffuser des messages d'information, d'orienter éventuellement les toxicomanes qui le souhaitent vers des thérapeutes, d'inviter au dépistage, explique Alexis Goosdeel, co-responsable du projet avec les docteurs Jacques et Lequarré, au CCAD, et Klaus, à MSF.

Depuis quelque temps, l'information circulait parmi les drogués de Bruxelles : à partir du 1er avril, <u>ils</u> pourraient échanger leurs seringues usagées contre des neuves, place Simonis, à Koekelberg. Rendez-vous manqué : la commune vient de faire faux bond. Le bourgmestre, Jacques Pivin, a signé hier une ordonnance de police interdisant l'échange de seringues sur son territoire.

Le projet pilote avait pourtant reçu l'aval de Magda De Galan, ministre de la Santé de la Communauté française. Le ministre de la Justice, Melchior Wathelet, n'y voyait pas d'objection tant que l'on reste dans la légalité. Mais la santé publique a des urgences que la répression ignore … L'usage des stupéfiants reste interdit, et le rassemblement de toxicomanes indésirable.

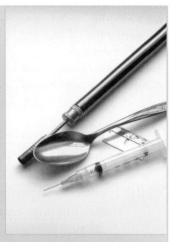

3. Les auteurs du projet n'en sont pas moins déterminés à passer à l'action coûte que coûte, fût-ce dans un autre quartier de Bruxelles.

Leurs arguments ? *Les seringues sont officiellement en vente libre, mais beaucoup de pharmaciens refusent encore de <u>les</u> donner aux drogués,* explique Alexis Goosdeel. *De plus, les officines sont fermées le soir et il est difficile pour un pharmacien de rouvrir pour un toxicomane.* En outre, les auteurs de projet soulignent qu'aider les drogués, c'est faire d'une pierre trois préventions. *Le sida ne se transmet pas que par voie sanguine,* insiste Alexis Goosdeel. *La voie sexuelle et maternelle véhicule aussi le virus : prévenir l'infection chez les drogués permet de protéger leurs partenaires et leurs enfants …*

Joëlle Meskens
(avec Barbara Smit à
Amsterdam, *Le Soir*)

Vocabulary

freiner *to halt* (les freins – *brakes*) faire mouche *to hit home/to get the point across* ciblée *targeted* milieu *social background* désormais *henceforward*	endiguer le fléau *to stem the tide/the scourge* il ne s'agirait pas seulement de *it wouldn't just be a case of* un dépistage *screening (drug)* recevoir l'aval *to get the backing/support* les officines *dispensaries*

1. (i) Trouvez une expression dans la première section qui montre que le sida touche toutes les classes sociales.

   ....

   (ii) Trouvez une expression dans cette section qui souligne le fait qu'au moins trente-trois pour cent des victimes du sida sont des drogués.

   ....

2. Dans la deuxième section, quelle est la solution proposée par le CCAD ?

   ....

3. Trouvez deux synonymes pour ceux qui prennent des drogues. (**section 2**)
   (i) ....
   (ii) ....

4. (i) Selon la deuxième section, comment est-ce que le projet marche ?

   ....

   (ii) Selon la troisième section, comment est-ce que nous savons que le projet échouera à Bruxelles ?

   ....

5. (i) Trouvez dans la troisième section un exemple d'un verbe à l'infinitif.

   ....

   (ii) Pour chacun des mots soulignés, trouvez dans le texte le mot auquel il se réfère.
   (a) ils (**section 2**) ....
   (b) les (**section 3**) ....

6. In your opinion, how convincing are the arguments advanced by the CCAD to put a brake on the spread of AIDS? (**50 words**)

   ....
   ....
   ....
   ....
   ....

Sample 3

LA MONDIALISATION

Pour l'économiste Michel Aglietta, la globalisation crée des richesses, mais aussi des inégalités. À chaque État de les combattre. Sinon, il y aura de graves crises, et un retour au chacun chez soi.

Propos recueillis par Corinne Lhaïk

« LA MONDIALISATION NE PROFITE PAS QU'AUX AUTRES »

1. L'EXPRESS : La mondialisation, c'est un mot à la mode pour désigner ce qui nous fait peur ?
MICHEL AGLIETTA : Non, c'est un vrai phénomène qui a commencé, il y a cinquante ans, avec le développement du commerce international. Ensuite, il a atteint les entreprises. Aujourd'hui, ce sont les usines qui se déplacent, et plus seulement les marchandises. Les précurseurs de ce mouvement ont été les multinationales américaines, dans les années 60. Le choc pétrolier des années 70 a amplifié cette internationalisation. À ce moment-là, la croissance des pays occidentaux s'est ralentie et les entreprises sont allées chercher des marchés ailleurs. Ensuite, elles se sont efforcées de produire à meilleur coût. Et ces déplacements sont à l'origine de la mondialisation des capitaux. Pour financer leur développement à l'étranger, les entreprises ont cherché et

trouvé de l'argent un peu partout dans le monde. Aujourd'hui, cette quête de la rentabilité concerne non seulement quelques grands groupes, mais aussi des entreprises moyennes. Il existe 40 000 entreprises multinationales, contre quelques centaines il y a vingt ans.

2. Vous pensez à Daewoo ?
Bien sûr. L'acquisition envisagée de Thomson multimédia traduit quelque chose de passionnant, l'apparition de multinationales du Sud. Jusqu'à présent, le mouvement se faisait en sens unique : les firmes occidentales investissaient dans les pays en développement. Désormais, des entreprises de ces pays amènent chez nous leurs capitaux, leur manière de produire et des emplois. La notion même de multinationale se banalise. La concurrence se fait dans un espace qui n'a pas de limites. Et, chaque fois qu'un nouveau capitalisme apparaîtra, il sécrétera ses propres multinationales. Ce qui se fait en Asie va se poursuivre. L'Amérique latine est en train de décoller. Le Brésil va devenir une très grande puissance et, dans vingt ou trente ans, vous verrez de grosses entreprises brésiliennes partir à la conquête du monde.

3. On a franchement l'impression que les travailleurs des pays développés sont les grands perdants de la mondialisation ...
Eh bien, on se trompe ! Cette impression dont vous parlez serait justifiée si les pays émergents nous inondaient de leurs produits et ne nous achetaient rien. Or ce n'est pas le cas : ces pays importent autant qu'ils exportent, car ils sont en forte croissance. Globalement, tout le monde y gagne, car le commerce international n'est pas un jeu à somme nulle (les gains des uns équivalent aux pertes des autres), mais un jeu à somme positive : il est créateur de richesses supplémentaires pour tous les pays qui le pratiquent.

4. Le rôle de l'État est donc déterminant ?
Essentiel. Contrairement aux idées reçues, l'État est loin de dépérir. Il conserve les pouvoirs fiscal et budgétaire. Il conserve le pouvoir monétaire, à l'exception des pays européens, qui veulent faire une union monétaire. Mais cet abandon de souveraineté doit donner plus de puissance à ces pays pour gérer le processus de mondialisation.

L'Express

Vocabulary

se déplacent	*(they) move*	décoller	*to take off (aeroplanes), to begin*
la croissance	*growth*	autant que	*as much as*
occidentaux	*western (pl)*	dépérir	*to decline/fade away*
la concurrence	*competition*	gérer	*to manage*

1. (i) Relevez dans la première section, les mots ou expressions qui se réfèrent à la mondialisation.

   ....

   (ii) Quel évènement a accéléré cette globalisation ?

   ....

2. (i) Citez dans la deuxième section la phrase qui indique que les pays riches amenaient leur argent dans les pays pauvres.

   ....

   (ii) Selon la troisième section, les pays en voie de développement (*cochez la bonne case*):
   (a) vendent plus de produits à l'étranger qu'ils n'en importent. ☐
   (b) ont plus d'importations que d'exportations. ☐
   (c) ne vendent rien outre-mer mais importent beaucoup. ☐
   (d) importent autant de produits qu'ils en exportent. ☐

3. Trouvez dans la troisième section la phrase qui veut dire qu'aucun pays n'est perdant dans le phénomène de globalisation.

   ....

4. (i) Relevez dans la quatrième section la phrase qui montre que le gouvernement garde le contrôle de l'argent dans l'économie.

   ....

   (ii) Trouvez dans la première section les mots ou expressions qui veulent dire :
   (a) les biens ....
   (b) le profit ....

5. (i) Pour ce mot souligné « elles », trouvez le mot auquel il se réfère.

   ....

   (ii) Relevez dans la deuxième section un exemple de verbe pronominal au présent.

   ....

6. According to the author, in what way does globalisation benefit the world's economies?
   (**50 words**)

   ....

   ....

   ....

Sample literary comprehension questions

Solutions available on pp.157–158.

Sample 1

Read the following text and answer the questions.

LA PHOTO DU COLONEL – EUGÈNE IONESCO

1. Nous longeâmes quelque temps un parc de gazon, avec, en son centre, un bassin. Puis, de nouveau, les villas, les hôtels particuliers, les jardins, les fleurs. Nous parcourûmes ainsi près de deux kilomètres. Le calme était parfait, reposant : trop, peut-être. Cela en devenait inquiétant.

« Pourquoi ne voit-on personne dans les rues ? demandai-je. Nous sommes les seuls promeneurs. C'est, sans doute, l'heure du déjeuner, les habitants sont chez eux. Pourquoi, cependant, n'entend-on point les rires des repas, le tintement des cristaux ? Il n'y a pas un bruit. Toutes les fenêtres sont fermées ! »

2. Nous étions justement arrivés près de deux chantiers récemment abandonnés. Les bâtiments, à moitié élevés, étaient là, blancs au milieu de la verdure, attendant les constructeurs.

« C'est assez charmant ! remarquai-je. Si j'avais de l'argent – hélas, je gagne très peu, – j'achèterais un de ces emplacements ; en quelques jours, la maison serait édifiée, je n'habiterais plus avec les malheureux, dans ce faubourg sale, ces sombres rues d'hiver ou de boue ou de poussière, ces rues d'usines. Ici, ça sent si bon », dis-je, en aspirant un air doux et fort qui soûlait les poumons.

3. « La police a suspendu les constructions. Mesure inutile, car plus personne n'achète des lotissements. Les habitants du quartier voudraient même le quitter. Ils n'ont pas où loger autre part. Sans cela, <u>ils</u> auraient tous plié bagage. Peut-être aussi se font-ils un point d'honneur de ne pas fuir. Ils préfèrent rester, cachés, dans leurs beaux appartements. Ils n'<u>en</u> sortent qu'en cas d'extrême nécessité, par groupes de dix ou quinze. Et même alors, le risque n'est pas écarté.

– Vous plaisantez ! Pourquoi prenez-vous cet air sérieux, vous assombrissez le paysage ; vous voulez me donner la frousse ?

– Je ne plaisante pas, je vous assure. »

4. Je sentis un coup au cœur. La nuit intérieure m'envahit. Le paysage resplendissant, dans lequel je m'étais enraciné, qui avait, tout de suite, fait partie de moi-même ou dont j'avais fait partie, se détacha, me devint tout à fait extérieur, ne fut plus qu'un tableau dans un cadre, un objet inanimé. Je me sentis seul hors de tout, dans une clarté morte.

« Expliquez-vous ! implorai-je. Moi qui espérais passer une bonne journée ! ... J'étais si heureux, il y a quelques instants ! »

Nous retournions, précisément, au bassin.

« C'est là, me dit l'architecte de la municipalité, là dedans, qu'on en trouve, tous les jours, deux ou trois, de noyés.

– Des noyés ?

– Venez donc vous convaincre que je n'exagère pas. »

Vocabulary

le tintement des cristaux *the clinking of crystal glasses*	écarté *removed, isolated*
faubourg *district (working class)*	vous assombrissez le paysage *you're casting a gloom over the area*
de boue ou de poussière *of mud or dust*	je m'étais enraciné *I had put down roots/ settled down*
soûler les poumons *to intoxicate the lungs*	une clarté morte *a dim light*
les lotissements *sites, housing estates*	

1. (i) Trouvez dans la première section la phrase qui montre que l'auteur s'inquiétait en marchant dans ce quartier.

   ....

   (ii) Citez dans la deuxième section une expression qui indique que les constructeurs n'avaient pas fini leur travail.

   ....

2. Relevez dans la deuxième section les mots/expressions qui montrent que l'auteur n'aime pas le faubourg où il habite.

   ....

3. (i) Selon la troisième section :
      (a) personne n'achète de billets pour le gros lot.   ❏
      (b) tout le monde achète des appartements.   ❏
      (c) les habitants ne veulent pas partir du quartier.   ❏
      (d) personne n'achète plus d'habitations.   ❏

   (ii) Quel(s) détail(s) dans la troisième section nous fait (font) penser que les résidents ne sortent guère de chez eux ?

   ....

   (iii) Trouvez dans la troisième section les mots/expressions qui montrent que l'auteur croit que son compagnon est trop pessimiste.

   ....

4. (i) Quel détail montre que son compagnon ne rigole pas. (section 3)

   ....

   (ii) Trouvez les mots/expressions qui veulent dire « construite ». (section 2)

   ....

5. Pour chacun de ces mots soulignés dans la section 3, trouvez dans le texte le mot auquel il se réfère.
   (i) ils ....
   (ii) en ....

6. How does the author create the atmosphere of fear in this unfortunate suburb? (50 words)

   ....
   ....
   ....
   ....
   ....

Sample 2

Read the following text and answer the questions.

LE MUR

par Jean-Paul Sartre

1. On nous poussa dans une grande salle blanche, et mes yeux se mirent à cligner parce que la lumière leur faisait mal. Ensuite, je vis une table et quatre types derrière la table, des civils, qui regardaient des papiers. On avait massé les autres prisonniers dans le fond et il nous fallut traverser toute la pièce pour les rejoindre. Il y en avait plusieurs que je connaissais et d'autres qui devaient être étrangers. Les deux qui étaient devant moi étaient blonds avec des crânes ronds ; ils se ressemblaient : des Français, j'imagine. Le plus petit remontait tout le temps son pantalon : c'était nerveux.

2. Ça dura près de trois heures ; j'étais abruti et j'avais la tête vide ; mais la pièce était bien chauffée et je trouvais ça plutôt agréable : depuis vingt-quatre heures, nous n'avions pas cessé de grelotter. Les gardiens amenaient les prisonniers l'un après l'autre devant la table. Les quatre types leur demandaient alors leur nom et leur profession. La plupart du temps ils n'allaient pas plus loin — ou bien alors ils posaient une question par-ci, par-là : « As-tu pris part au sabotage des munitions ? » Ou bien : « Où étais-tu le matin du 9 et que faisais-tu ? » Ils n'écoutaient pas les réponses ou du moins ils n'en avaient pas l'air : ils se taisaient un moment et regardaient droit devant eux puis ils se mettaient à écrire. Ils demandèrent à Tom si c'était vrai qu'il servait dans la Brigade internationale : Tom ne pouvait pas dire le contraire à cause des papiers qu'on avait trouvés dans sa veste. À Juan ils ne demandèrent rien, mais, après qu'il eut dit son nom, ils écrivirent longtemps.

3. – C'est mon frère José qui est anarchiste, dit Juan. Vous savez bien qu'il n'est plus ici. Moi je ne suis d'aucun parti, je n'ai jamais fait de politique.

Ils ne répondirent pas. Juan dit encore :

– Je n'ai rien fait. Je ne veux pas payer pour les autres.

Ses lèvres tremblaient. Un gardien le fit taire et l'emmena. C'était mon tour :

– Vous vous appelez Pablo Ibbieta ?

Je dis que oui.

4. Le type regarda ses papiers et me dit :

– Où est Ramon Gris ?
– Je ne sais pas.
– Vous l'avez caché dans votre maison du 6 au 19.
– Non.

Ils écrivirent un moment et les gardiens me firent sortir. Dans le couloir Tom et Juan attendaient entre deux gardiens. Nous nous mîmes en marche. Tom demanda à un des gardiens :

– Et alors ?
– Quoi ? dit le gardien.
– C'est un interrogatoire ou un jugement ?
– C'était le jugement, dit le gardien.
– Eh bien ? Qu'est-ce qu'ils vont faire de nous ?

Le gardien répondit sèchement :

– On vous communiquera la sentence dans vos cellules.

Vocabulary

abruti *stunned/dazed*	nous nous mîmes (*se mettre*) en marche *we started walking*
grelotter *to shiver*	sèchement *drily*

1. (i) Quel détail dans la première section nous montre que la lumière était trop forte pour Pablo ?

....

(ii) Relevez dans la première section les mots/expressions qui indiquent qu'un des prisonniers était inquiet.

....

2. (i) Dans la deuxième section, trouvez **deux** détails qui montrent que les juges ne s'intéressaient pas aux réponses des prisonniers.

(a) ....

(b) ....

(ii) Pourquoi est-ce que Tom ne pouvait pas nier qu'il était membre de la Brigade Internationale ?

....

3. (i) Pourquoi, d'après la troisième section, est-ce que Juan trouve son jugement injuste ?

....

(ii) Trouvez dans la quatrième section un exemple de verbe au passé simple.

....

4. Selon la quatrième section, les juges croient que :

(i) Pablo est vraiment Ramon Gris. ❐

(ii) Ramon Gris était resté chez Pablo. ❐

(iii) Tom et Juan attendaient dans le jardin. ❐

(iv) Il y aurait un interrogatoire dans la cellule. ❐

5. Trouvez dans la deuxième section, des expressions qui veulent dire :

(i) participé ....

(ii) ils gardaient le silence ....

6. Do you think that the prisoners of war in this text are mistreated? (50 words)

....

....

....

....

....

Sample 3

Read the following text and answer the questions.

L'HOMME DE MARS
par GUY DE MAUPASSANT

1.   J'étais en train de travailler quand mon domestique annonça :

« Monsieur, c'est un monsieur qui demande à parler à Monsieur.

– Faites entrer. »

J'aperçus un petit homme qui saluait. Il avait l'air d'un chétif maître d'études à lunettes, dont le corps fluet n'adhérait de nulle part à ses vêtements trop larges. Il balbutia :

« Je vous demande pardon, Monsieur, bien pardon de vous déranger. »

Je dis :

« Asseyez-vous, Monsieur. »

Il s'assit et reprit :

« Mon Dieu, Monsieur, je suis très troublé par la démarche que j'entreprends. Mais il fallait absolument que je visse quelqu'un, il n'y avait que vous ... que vous ... Enfin, j'ai pris du courage ... mais vraiment ... je n'ose plus.

2.   – Osez donc, Monsieur.

–   Voilà, Monsieur, c'est que, dès que j'aurai commencé à parler, vous allez me prendre pour un fou.

–   Mon Dieu, Monsieur, cela dépend de ce que vous allez me dire.

–   Justement, Monsieur, ce que je vais vous dire est bizarre. Mais je vous prie de considérer que je ne suis pas fou, précisément par cela même que je constate l'étrangeté de ma confidence.

–   Eh bien, Monsieur, allez.

–   Non, Monsieur, je ne suis pas fou, mais j'ai

l'air fou des hommes <u>qui</u> ont réfléchi plus que les autres et qui ont franchi un peu, si peu, les barrières de la pensée moyenne. Songez donc, Monsieur, que personne ne pense à rien dans ce monde. Chacun s'occupe de ses affaires, de sa fortune, de ses plaisirs, de sa vie enfin, ou de petites bêtises amusantes comme le théâtre, la peinture, la musique ou de la politique, la plus vaste des niaiseries, ou de questions industrielles. Mais qui donc pense ? Qui donc ? Personne ! Oh ! je m'emballe ! Pardon. Je retourne à mes moutons.

3.   « Voilà cinq ans que je viens ici, Monsieur. Vous ne me connaissez pas, mais moi je vous connais très bien ... Je ne me mêle jamais au public de votre plage ou de votre casino. Je vis sur les falaises, j'adore positivement ces falaises d'Étretat. Je n'<u>en</u> connais pas de plus belles, de plus saines. Je veux dire saines pour l'esprit. C'est une admirable route entre le ciel et la mer, une route de gazon, qui court sur cette grande muraille, au bord de la terre, au-dessus de l'Océan. Mes meilleurs jours sont ceux que j'ai passés, étendu sur une pente d'herbes, en plein soleil, à cent mètres au-dessus des vagues, à rêver. Me comprenez-vous ?

–   Oui, Monsieur, parfaitement.

–   Maintenant, voulez-vous me permettre de vous poser une question ?

–   Posez, Monsieur.

–   Croyez-vous que les autres planètes soient habitées ? »

Je répondis sans hésiter et sans paraître surpris :

«Mais, certainement, je le crois.»

Vocabulary

chétif *puny*	des niaiseries *nonsense/rubbish*
fluet *skinny*	je retourne à mes moutons *I'll get back to*
que je visse *that I might see (imperfect*	*my subject*
subjunctive of voir)	il balbutia *he stammered*

1. (i) Donnez un détail de la première section qui indique que l'homme présenté par le domestique était mal vêtu.

   ....

   (ii) Citez dans la première section la phrase qui montre que le petit homme avait peur d'en dire plus.

   ....

2. Selon la deuxième section, les hommes ne pensent qu'à des choses peu intéressantes. Donnez **deux** exemples.

   (i)   ....

   (ii) ....

3. (i) Comment savons-nous que le petit homme n'est pas sociable ? (**section 3**)

   ....

   (ii) Trouvez deux détails dans la troisième section qui prouvent que le petit homme aime habiter près de la mer.

   (a) ....

   (b) ....

4. Relevez dans la première section un exemple de verbe à l'impératif.

   ....

5. Pour chacun des mots soulignés, trouvez le mot auquel il se réfère.

   (i) qui ....

   (ii) en ....

6. Describe the emotional state of the visitor throughout the recounting of his experience.

   (50 words)

   ....
   ....
   ....
   ....
   ....

4 Written Expression (Production écrite)

- To prepare for the Written Expression section of the exam by understanding what each of the different writing tasks entails.
- To learn the important phrases you will need.
- To practise writing clear, correct French.

Format

- This section deals with the written assignments, where you must produce your own ideas in French.

> Percentage = 25%
> Marks = 100 (40 + 30 + 30)
> Time = 90 minutes
> (30 + 25 + 25 + 10 minute check)

- You must answer three questions – Question 1 (which is compulsory) and two of Questions 2, 3 and 4.

- For Question 1, you are expected to write about 90 words. The other two questions require about 75 words each.

- Question 1 relates to the Journalistic and Literary Comprehensions. You are most likely to be asked to write an opinion based on the theme of the Comprehension that you just answered, but relating to your own experience.

- You must answer one of two questions within Question 1.

- Questions 2, 3 and 4 offer you a choice of two assignments each. You must answer one from each of two sections.

- Question 2 includes two of the following:
  (a) diary entry
  (b) fax/email/note
  (c) letter (formal/informal).

- Question 3 asks you to give your reaction to (your opinion on):
  (a) a quotation by a young person
  (b) an illustration, e.g. a graph/chart.

- Question 4 requires you to react to:
  (a) a short prose article
  (b) a chart
  (c) tables
  (d) a photo or picture.

Question 2

Each of the points asked **must be dealt with**. Some development is required, but not all the points have to be developed to the same extent.

If you leave out any of the points, your marks for communication and language will be reduced proportionately. For example, if you leave out one of four points asked, then you automatically lose 25 per cent of the marks for that question.

Marks

Diary entry

Communication: 15 marks.
Language: 15 marks.

Letter

Layout: 6 marks.
Fulfilling communicative tasks: 12 marks.
Language: 12 marks.

Letter layout

Top of page (i.e. addresses, date, etc.): 3 marks.
Opening ('Monsieur') and signing off: 3 marks.

Questions 3 and 4 (a) and (b)

Communication: 15 marks.
Language: 15 marks.

The following are accepted for the letter opening:
- Monsieur le Directeur
- Madame
- Madame la Directrice
- Monsieur/Madame

Checklist for the written section

This point cannot be stressed enough – allow a **few minutes** at the end of the exam to check your answers, particularly the written section. We all make mistakes when writing in our mother tongue, English, so why not in French?

For your written work to be as good as it can be, use the checklist below.

- Have you **planned your ideas** and divided them into paragraphs?
- Do your answers clearly **reflect the question**?
- Have you used **phrases/idioms** where relevant?
- Are your verbs in the **correct tenses**?
- Did you check that you wrote the right **endings** for the verbs?
  - (a) There is **never** a 't' at the end of a verb with 'je'; there is never an 's' after 'il/elle/on'.
  - (b) Note the **only four verbs** that take '-ont' instead of '-ent' in the 'ils/elles' forms in the present tense: ils/elles vont (aller)/ont (avoir)/sont (être)/font (faire).

(c) Be careful to use the appropriate verb endings:

ma famille/mon équipe/tout le monde – 'il' ending.

mes amis et moi/ma famille et moi – 'nous' ending.

les gens/les Français/la plupart – 'ils' ending.

(d) **Note:** j'étudie, il aimerait, nous voudrions, tu espères.

- Did you use the proper auxiliary verb (avoir/être) in the 'passé composé'?

j'**ai** rencontré, je **suis** allé, il s'**est** dépêché.

- Check that your **articles** are correct: le, la, l', les; un, une, des.

- Do your **adjectives** agree in **number** and **gender**?

les **vieilles** maisons, des histoires **amusantes**

mon pays, **ma** sœur, **ses** besoins, **notre** famille, **nos** amis

ce mot, **cette** invitation, **cette** théorie, **ces** hommes

toute la journée, **tous** les problèmes, **toute** autre chose.

- Also check your **prepositions**: à l'école, **en** France, **aux** États-Unis, **au** Royaume-Uni, **au** cinéma, à **la** plage, **de** Paris, à Paul.

- Did you put in the correct **accents**, e.g. 'chère, j'espère, je suis allé, problème, à'? In the Leaving Cert, it is a serious error to omit an accent that actually changes the meaning of a word, e.g. Ou *(or)*/où *(where)*; a *(has)*/à *(to, at)*.

There are also verbs that change their accents, e.g. 'espérer – j'espère'.

- If you are **including yourself in a group**, the subject becomes 'we':

Moi et mes amis nous **rencontrons** à la piscine.

Mes frères et moi **avons** joué au golf ce matin.

- Do you know when to use the 'passé composé' or the 'imparfait'?

If the action **happened**, i.e. it was finished, use the 'passé composé':

je **suis allé** au cinéma.

If the action **was happening**, i.e. it was continuous, then use the 'imparfait':

le soleil **brillait**.

- How do you express the common phrase 'I'll be going/doing/leaving'? It is certainly **not** 'je serai aller'!

To say 'I'll be doing', use 'aller' + infinitive:

Je **vais** all<u>er</u> en ville plus tard.   *I'll be going into town later (I'm going to go).*

- There are **two English** variations of the **present tense**: 'I go' and 'I am going'.

There is only **one in French**: je vais.

Never translate the 'am, are, is' in the present tense.

Before the exam:

1 Carefully read and **reread** any useful **sample answers** from your school notes, so that the necessary material will sink in.

2 You are going to need **fundamental verbs** like 'pouvoir, vouloir, faire, devoir, aller, avoir, essayer de' and 'espérer', so learn them! These **verbs are followed by an infinitive.** They are useful for all aspects of the French Leaving Cert, especially the **oral.**
On <u>devrait</u> fai<u>re</u> face à ce problème.
Les jeunes <u>veulent</u> travaill<u>er</u> à temps partiel pendant la Terminale.
J'<u>espère</u> recev<u>oir</u> de bonnes notes à mon bac.

3 Be aware of **important topics in the news,** e.g. the wearing of religious symbols, the environment, the internet, etc.
Many themes relate to **young people's concerns,** e.g. voting, mobile phones, relationships, equality, families, education, etc. Study these topics.

During the exam:

4 Don't overload your answer with the usual clichés, like 'we must weigh up the pros and the cons'. However, do have a good repertoire of **expressions** that you can call upon for most topical issues. Such phrases **develop fluency** and impress the examiner. (Many examples are given in this text. See below and pages 62–80, 115–123).

5 In the reaction question, (i.e. Q.3 and Q.4) you must write at least 75 words. Begin by stating what the article is about, then give your views and conclude: a beginning, a middle and an end.

- For example, on **opening** your response, you could say the following:
  En ce qui concerne le problème des drogues ... *As far as the problem of drugs is concerned ...*
  Dans le domaine du dopage en sport ... *In the area of drugs in sport ...*
  Ce qui nous préoccupe ici, c'est ... *What we're dealing with here is ...*
  Cette rubrique se rapporte à ... *This column refers to ...*

- Then, to **continue**:
  Il s'agit d'honnêteté. *It's a question of/has to do with honesty.*
  Il y a ceux qui croient que ... *There are those who think that ...*
  Le fléau du sida est devenu plus répandu. *The scourge of AIDS has become more widespread.*
  Je doute que ce soit vrai. *I doubt that that is true.*

- In **conclusion**:

  Pour conclure ...   *To conclude ...*

  Tout compte fait, je doute que cela se produise.   *All things considered, I doubt that it will happen.*

  Il faut que les pouvoirs publics fassent quelque chose.   *The authorities must do something.*

Writing tips

- One good method of perfecting the technique of productive writing is **practice**. When you are writing an opinion, letter or note for home-work, you may find that you are employing the same phrases regularly. Therefore, they will quickly come to mind in an exam.

This section is difficult for two main reasons:

- You are thinking in English and translating your thoughts into French.
- Finding words is hard enough, but you must also know how to convert them into the style, idiom and grammar of French.

- As mentioned above, **study sample answers** to topical questions to get an idea of the vocabulary and grammar involved.

- Keep your **sentences relatively short**, expressing basic ideas with some good expressions. Write what you can write, not what you want to write.

- Try to acquire a **list of words**, idioms and phrases that can be used in almost any task that is put before you, then practise them frequently.

- Use **fewer clichés**, such as 'la situation laisse beaucoup à désirer' *(the situation leaves a lot to be desired)*.

- Be sure your answers are **relevant**. A lot of fancy French will not compensate for going off the point.

- Use **adjectives** and **make them agree!** Too often, students rely on the 'easy' adjectives like 'bon' and 'sympa' to cover a variety of people and places. You should also try:

  Le patron était très **serviable**.   *The owner was very obliging/willing to help.*

  La direction de l'hôtel était **arrangeante**.   *The hotel management was accommodating.*

  La traversée a été **agréable**.   *The crossing was pleasant.*

  C'est un type **génial** !   *He's a fantastic bloke!*

  C'est un bâtiment **laid**.   *It's an ugly building.*

  Le gouvernement a fait un effort **lamentable**.   *The government made a deplorable effort.*

  C'est un stage **dur**.   *It's a tough course.*

  Ce roman est **passionnant** et **émouvant**.   *This novel is exciting and moving.*

  Le paysage du Connemara est **sauvage**.   *The Connemara countryside is wild.*

  Le coût de la vie est **inquiétant**.   *The cost of living is worrying.*

  Je prends des repas **sains** et **équilibrés**.   *I eat healthy and balanced meals.*

  Nous avons des voisins **amicaux**.   *We have friendly neighbours.*

1   Take care to use 'd'accord' and 'ça va' correctly:
On peut se retrouver devant le cinéma. Ça te va ?   *We can meet in front of the cinema. Is that OK with you?*
Oui, d'accord.   *Yes, OK/agreed.*

2   The **logical future** tense causes problems. You can revise this tense sequence in the Grammar section (pages 140–141). We will look at one example here:
Je te téléphonerai quand j'y arriverai.   *I will phone you when I get there (literally 'when I will get there').*

3   Another difficulty concerns the '**futur simple**', e.g. we **will be staying** in London – this must **not** be translated literally. Instead say:
We **are going to stay** in London *(nous allons rester à Londres).*

4   Make the verbs and adjectives agree!
Les chambres étaient confortables et propres.   *The rooms were comfortable and clean.*

Useful expressions

En ce qui concerne ..., je crois que ...   *As far as ... is concerned, I think that ...*
Il s'agit d'honnêteté.   *It is a question of (it has to do with) honesty.*
Il faut prendre les choses du bon côté.   *You must look on the bright side.*
Le problème est devenu plus répandu.   *The problem has become more widespread.*
À la suite de ...   *As a result of ...*
C'est une question difficile à résoudre.   *It's a hard question to answer.*
Je doute que ce soit vrai.   *I doubt that this is so.*
À titre d'exemple, regardez ...   *By way of example, look at ...*
Qui plus est ...   *What's more/moreover ...*
Toute réflexion faite ...   *When all is said and done ...*
En revanche ...   *On the other hand ...*
Qu'on le veuille ou non ...   *Whether we like it or not ...*

Useful idioms

The following idioms can be helpful for a number of reasons:

- They develop **fluency**.
- They **impress** the examiner.
- They will make your work **stand out**.

- **voler de ses propres ailes** *(to stand on your own two feet)*

  Quand je partirai de chez moi, je devrai voler de mes propres ailes. *When I leave home, I'll have to fend for myself.*

- **quoi qu'il arrive** *(come what may)*

  Je vais tenter le coup, quoi qu'il arrive. *I'm going to give it a try, come what may.*

- **se bercer d'illusions** *(to kid yourself)*

  On se berce d'illusions si on croit se débarrasser complètement de la criminalité. *You're fooling yourself if you think that you can get rid of crime completely.*

- **abonder dans le sens de** *(to be entirely in agreement with)*

  J'abonde dans le sens du ministre. *I'm in total agreement with the minister.*

- **agir au mieux des intérêts de** *(to act in the best interests of)*

  Les hommes politiques nous font savoir qu'ils agissent au mieux de nos intérêts. *The politicians inform us that they are acting in our best interests.*

- **s'agir de** *(to have to do with, be about)*

  Quant au thème de ce livre, il s'agit de l'amour. *As for the theme of this book, it has to do with love.*

Samples of opinion writing (Questions 1, 3, 4)

The following are examples of opinion writing. Read them several times to allow the relevant vocabulary to sink in, but don't learn these passages off by heart! The danger is that you will come to rely on a particular answer to a restricted question.

Rather, you should try to learn phrases and vocabulary in order to **adapt your repertoire** to any other question on a similar topic.

For example, to start an answer to a topical question, you could write:

En ce qui concerne le .../dans le domaine du dopage en sport ...
As far as ... is concerned/ in the area of drugs in sport ...

Finally, it should be noted that these passages exceed the number of words a student is expected to write. The reason for this is to include more ideas and vocabulary relating to the topics. These passages may also be useful for the **oral exam**.

As an added exercise, you could translate these exercises yourself before reading the translations below.

Le dopage en sport

En ce qui concerne le dopage en sport, le phénomène s'est beaucoup répandu. Pourquoi un athlète, qui est en belle forme et qui s'entraîne dur, prend-il des drogues ? C'est une question fort difficile à résoudre.

La médaille d'or ou la Coupe, voilà tout ce qui importe. On peut aussi gagner une grande somme d'argent en remportant le « Prix ». Ainsi, **l'enjeu** est grand.

> the stakes

Il s'agit des pressions du sport moderne. Le but est de gagner, plus que de participer. Les Jeux Olympiques sont devenus les « Jeux de la Consommation », où de grandes entreprises essaient de vendre leurs produits. Elles dominent tous les principaux tournois mondiaux avec leur publicité, leur **parrainage** et avec la promotion de leurs marchandises **haut de gamme**.

> sponsorship ('le parrain' – godfather)

> top of the range

Ainsi, la pression et l'entraînement rigoureux sont parfois trop durs pour l'athlète – et il/elle a recours à la drogue. À cause de ce **fléau** du dopage, les autorités et les spectateurs **se méfient d'**un athlète qui gagne. On doit tester les athlètes au hasard.

> scourge

> mistrust (takes 'de')

Qui est le perdant ? Le sport, et également les sportifs honnêtes.

(environ 180 mots)

Translation

Doping in sport

As far as drug taking in sport is concerned, the phenomenon has become more widespread than ever. Why does an athlete, who is in good shape and who trains hard, take drugs? It's a very hard question to answer.

The gold medal or cup, these are the only things that matter. You can also earn a huge amount of money by winning the 'prize'. Thus, the stakes are high.

It has to do with the pressures of modern sport. The goal is to win more than to participate. The Olympic Games have become the 'Consumerist Games', where large businesses try to sell their products. They dominate all the major world tournaments with their advertising, their sponsorship and with their promotion of top-of-the-range goods.

Thus, the pressure and the tough training are sometimes too hard for the athlete – and he turns to drugs. Because of this scourge of drug taking, the authorities and the spectators do not trust an athlete who wins. They have to do random drug tests.

Who is the loser? The sport, and also the honest athletes.

À quoi sert la littérature ?

Pour moi, la littérature a beaucoup d'avantages pour la société, et **il n'y a rien de plus important** que l'éducation. La littérature nous permet de comprendre les cultures d'autres pays. On **apprend à connaître** leurs attitudes et leurs mœurs. Par exemple, dans « Les Misérables », l'auteur Victor Hugo nous donne une image de la vie en France au dix-neuvième siècle.

> there is nothing more important

> you get to know

> although there are (subjunctive because of 'bien que')

Bien qu'il y ait des gens qui lisent des romans pour échapper au monde, il y a aussi ceux qui lisent pour **élargir leurs connaissances de la vie.**

> to broaden their experiences of life

> a work (of literature)

Un ouvrage peut être passionnant ou ennuyeux ; il raconte une histoire ou analyse le cœur humain.

(environ 105 mots)

Translation

What is literature for?

For me, literature has a lot of advantages for society, and there is nothing more important than education. Literature enables us to understand other countries' cultures. We get to know their attitudes and their values. For example, in 'Les Misérables', the author Victor Hugo gives us a picture of life in France in the 19th century.

Although there are people who read novels for escapism, there are those who read to broaden their knowledge of life. A work can be exciting or boring; it tells a story or analyses the human heart.

In the following passages, several phrases and some vocabulary have been included in English. It is a useful exercise to study the French expression, but also to translate the English into French. In this way, you are becoming more **active** in your own learning, as you are taking part in actually writing the passage.

Translate the English in *italicised* type.

À quoi sert l'éducation ?

> ça ne sert à rien | rien ne

Il y a ceux qui disent qu'*it's no use*. *Nothing* saurait me le faire croire. Sans éducation, on pourrait avoir très peu de choix sur ce qu'on veut faire dans la vie. *Nowadays*, on *demands* des diplômes pour obtenir les bons postes.

> de nos jours

> exige

Les demandes d'emplois excèdent les offres d'emplois. Le domaine du travail de l'avenir va *to hire/employ* les diplômés, et il n'y aura aucun poste permanent.

> on apprend

> embaucher

Il faut donc prendre au sérieux son éducation secondaire. À l'école, *you learn* pas mal de choses telles que les sciences naturelles, les langues vivantes et l'informatique. De plus, on apprend à *be part of* un groupe et à travailler avec d'autres.

> quant au/en ce qui concerne le | faire partie d' | caractère

As for sport à l'école, les étudiants développent leur *personality*.

> vraisemblable | avant de passer

Il est *probable* que ceux qui partent de l'école *before sitting* leur bac n'obtiendront pas un bon emploi. Quoi qu'il en soit, on doit *continue* ses études même après l'école.

> poursuivre/continuer

Qu'on le veuille ou non, il est plus facile de trouver un emploi lorsqu'on est diplômé.

(environ 165 mots)

Translation

What is education for?

There are those who say that it's no use. Nothing could make me believe it. Without an education, you could have very little choice about what you want to do in life. Nowadays, people demand degrees to get the right jobs.

Job applications exceed job offers. The future world of work will hire qualified people, and there won't be any permanent positions.

You have to take your secondary education seriously. At school, you learn a lot of things such as science, modern languages and computer technology. In addition, you learn to be part of a group and to work with others. As for sport in school, students develop their personality.

It is likely that those who leave school before sitting their Leaving Cert will not get a good job. Come what may, you must continue your studies even after school.

Whether you like it or not, it is easier to find a job when you're qualified.

L'ennui

C'est un problème *which affects the young* [qui] [touche les jeunes] pour la plupart, et surtout dans les grandes villes. *Nowadays* [de nos jours], les jeunes sont la cible de nombreuses images publicitaires.

Cela crée des besoins chez les jeunes pour *more and more* [de plus en plus de] biens.

Ils dépendent de ces biens *to enjoy themselves* [pour s'amuser], et ils *get bored* [s'ennuient] vite. Ils en veulent plus. Pour s'évader de l'ennui, ils cherchent de nouvelles sensations ... ils se droguent.

L'ennui *comes from* [provient de] plusieurs causes. Dans les grandes agglomérations urbaines, *there is a lack of sports facilities, such as* [il y a un manque d'installations sportives, telles que] les gymnases, les piscines et *so on and so forth* [ainsi de suite].

Peut-être qu'*there aren't any green spaces* [il n'y a pas d'espaces verts] pour des terrains de foot.

Qui plus est, *there are those who* [il y a en a qui] ont trop de temps libre. Cette inaction *can lead to* [peut mener à] des problèmes comme le vandalisme, surtout parmi les garçons. Trop de garçons boivent *out of boredom* [par ennui]. D'autres *spend* [passent] beaucoup de temps à regarder la télé.

What can we do? [Que faire ?/Qu'est-ce qu'on peut faire ?] Il doit y avoir (*there must be*) plus d'installations pour les jeunes.

(environ 160 mots)

Translation

Boredom

It's a problem that affects the young for the most part, and especially in the big towns. Nowadays, the young are the target of numerous advertising images. That creates a need in the young for more and more goods.

They depend on these goods to enjoy themselves, and they get bored quickly. They want more. In order to escape boredom, they seek new excitement ... and they take drugs.

Boredom comes from several sources. In the large urban areas, there is a lack of sports facilities, such as gyms, swimming pools and so on. Perhaps there aren't any green spaces for football pitches.

What's more, there are those with too much free time. This idleness can lead to problems like vandalism, especially among boys. Too many boys drink out of boredom. Others spend a lot of time watching television.

What can we do? There must be more facilities for young people.

Que préférez-vous ? Habiter en ville ou à la campagne ?

D'abord, *what are* les avantages de vivre dans une ville ? En Irlande, pour la plupart,

[quels sont] [on trouve]

on habite en banlieue. *You find* qu'il y a beaucoup d'avantages à l'égard de la vie urbaine. Il existe bien des divertissements pour les habitants, tels que les installations locales et les centres omnisports.

[en ce qui concerne les jeunes]

Il y a pas mal de choses à faire, *as far as the young are concerned*. Ils peuvent traîner dans les grandes surfaces ou aller aux théâtres et aux cinémas. Il y a des foyers de jeunes où on peut *meet one another* pour s'amuser le soir. On peut rejoindre ses amis dans plusieurs bistrots.

[se rencontrer/se retrouver] [ont lieu]

Dans le domaine des activités, presque toutes les épreuves sportives *take place* en ville. Il y a tout simplement plus d'animation. Tout est proche, les beaux magasins, les musées, les universités, les transports en commun, le choix des écoles et ainsi de suite.

[inconvénients]

Alors, quels sont les *disadvantages* ? Selon moi, les citadins sont plus agressifs et toujours pressés. On n'a pas de temps l'un pour l'autre. À la campagne, on peut voir les individus qui *chat* dans la rue.

[nous nous inquiétons de la] [bavardent] [touche]

We worry about criminalité qui nous *affects* tous les jours. En plus, on est frappé par la pollution des tuyaux d'échappement et des déchets d'usines. *Don't forget* le bruit de la circulation, et les embouteillages.

[n'oubliez pas] (environ 230 mots)

Translation

Which do you prefer? Living in the city or in the country?

Firstly, what are the advantages of living in a city? In Ireland, for the most part, we live in suburbs. You find that there are a lot of advantages with regard to urban life. There are lots of distractions for the people, such as local facilities and sports centres.

There are many things to do as far as the young are concerned. They can hang around in shopping malls or go to the theatres and cinemas. There are youth clubs where they can meet one another for fun in the evenings. You can meet your friends in several pubs.

In the area of events, almost all sports competitions take place in the city. There is, quite simply, more life. Everything is close by, the lovely shops, museums, universities, public transport, choice of schools and so on.

So, what are the disadvantages? In my opinion, city people are more aggressive and always in a hurry. They haven't any time for one another. In the countryside, you see people chatting in the street.

We worry about crime, which affects us every day. In addition, we are struck by the pollution of exhaust pipes and factory waste. Don't forget the noise of traffic and the traffic jams.

La violence à la télé : est-elle la cause de la délinquance ?

à l'égard de

Regarding la violence à la télé, je crois qu'elle a une mauvaise influence sur les jeunes. Quand un jeune esprit est *struck by* des images telles que des meurtres, des attentats et des émeutes, il *must be affected*.

frappé par

doit être touché

doivent être

diffusée

Les jeunes téléspectateurs, surtout les enfants, *must be* protégés de la violence *broadcast* tous les soirs sur *the small screen*.

le petit écran

D'autre part, il faut que les parents *teach* aux jeunes que la violence à la télé n'est pas la norme.

apprennent

Par contre, les jeunes qui sont bien élevés, bien instruits et qui habitent des foyers heureux, *do not take seriously the violence that they see* à la télé. Ils *realise* que c'est de la fantaisie, du divertissement.

ne prennent pas au sérieux

la violence qu'ils voient

se rendent compte

Après tout, les délinquants vivent *sometimes* sans abri, *sometimes* dans des *backgrounds* défavorisés.

peuvent enregistrer

tantôt

tantôt

milieux

L'embêtant, c'est que les enfants *can record* les films destinés aux adultes.

ce que

De l'aveu général, il y a un manque de contrôle des parents sur *what* regardent ces jeunes à la télé.

(environ 160 mots)

Translation

Violence on television: is it the cause of anti-social behaviour?

Regarding violence on television, I think that it has a bad influence on young people. When a young mind is struck by such images as murders, assaults and riots, it must be affected.

Young TV viewers, especially children, must be protected from the violence broadcast every evening on the small screen.

On the other hand, it is necessary for parents to teach the young that violence on television is not the norm.

On the contrary, young people who are well brought up, well educated and who live in happy home environments do not take seriously the violence that they see on television. They realise that it is make-believe entertainment.

After all, delinquents live sometimes without a home, sometimes in deprived backgrounds.

The annoying thing is that children can record films intended for adults.

The general opinion is that there is a lack of parental control over what these young people watch on television.

« L'homme qui maîtrise deux langues vaut deux hommes »

Comme *know* tous les profs de langues vivantes, de nombreux élèves pensent que les [le savent] [après tout]

langues sont inutiles. *After all*, selon eux, on n'a besoin que de l'anglais – parce que tout le monde le parle. C'est vrai, l'anglais est la langue mondiale, commerciale et diplomatique.

[par contre]

On the other hand, la plupart des Européens ne savent pas parler anglais. L'homme et la femme de la rue *want*, à juste titre, que les anglophones *learn* une langue étrangère. [veulent] [apprennent]

L'embêtant, c'est que les Européens étudient deux ou trois langues à l'école. Ils font l'effort, pourquoi pas nous ?

[faisons partie de l']

Maintenant, nous *are a part of the* UE. Les offres d'emploi dans les journaux exigent qu'on parle au moins une langue européenne. Par exemple, dans le domaine de la commercialisation et du tourisme, on doit parler français ou allemand. En ce qui concerne les *computers*, on *requires* une bonne connaissance de l'allemand. [ordinateurs] [exige]

Qui plus est, quand on voyage, on aime s'exprimer dans la langue du pays. Cela entraîne de bons rapports avec d'autres.

(environ 165 mots)

Translation

The man who masters two languages is worth two men

As all modern language teachers know, many pupils think that languages are useless. After all, according to them, you only need English – because everyone speaks it. It's true, English is the world language for business and diplomacy.

On the other hand, the majority of Europeans don't know how to speak English. The man and woman on the street want English-speaking people to learn a foreign language, and rightly so.

The annoying thing is that Europeans study two or three languages at school. They make the effort, why not us?

Now we are a part of the EU job offers in the newspapers require that you speak at least one European language. For example, in the area of marketing and tourism, you have to speak French or German. With regard to computers, they demand a good knowledge of German.

What's more, when people are travelling, they like to express themselves in the language of the country. That brings about good relationships with other people.

Comment seront les écoles en 2020 ?

c'est une question fort difficile à résoudre

changements

It's a very difficult question to answer. Il y a eu de grands *changes* dans notre système scolaire dans les années quatre-vingts. Par exemple, de plus en plus d'écoles sont devenues mixtes.

répandue (fem agreeing with 'l'utilisation')

L'utilisation des ordinateurs est plus *widespread* que jamais, alors que l'on enseigne l'informatique dans tous les établissements scolaires.

deviendront

hausse

Et l'avenir ? Que *will become of* les écoles ? Avec la *rise* du nombre de jeunes, il y aura beaucoup plus d'élèves à l'école en l'an 2020. Ainsi, il est à espérer que les classes seront plus petites, et donc, que l'enseignement sera *better*.

meilleur

niveaux

Qui plus est, il y aura des Leaving Certs différents pour tous les élèves de divers *levels*. On en trouvera pour ceux qui veulent aller à la Fac ; d'autres *intended for* ceux qui désirent travailler ou faire un stage.

destinés à (pl agreeing with 'autres')

(environ 130 mots)

Translation

What will schools be like in 2020?

It's a very difficult question to answer. There were large changes in our education system in the 80s. For example, more and more schools have become mixed.

The use of computers is more widespread than ever, while computer studies are taught (i.e. one teaches) in all schools.

What about the future? What will become of schools? With the rise in the number of young people, there will be more pupils at school in the year 2020. Thus, it is to be hoped that classes will be smaller, and therefore the teaching will be better.

What's more, there will be different Leaving Certs for all the pupils of various levels. We will find some for those who wish to go to college, and others intended for those who want to work or do a course.

« Avoir un emploi à temps partiel pendant le trimestre, c'est une mauvaise idée. » Qu'en pensez-vous ?

Pour moi, il y a des avantages et des inconvénients. D'une part, *you become* indépendant

> on devient

> apprend à gérer son argent/un budget

> on découvre plus de choses sur le

en travaillant en dehors de chez soi. On *learns how to budget* et faire des économies. *You find out more about the* monde des adultes, comment on se respecte, comment on se tient, et ainsi de suite.

On the other hand, bien des étudiants *can't enjoy themselves* le week-end à cause de

> par contre

> il y en a qui

> ne peuvent pas s'amuser

> ne peuvent pas se lever

leur boulot. *There are those who* travaillent en semaine, et *can't get up* le lendemain pour l'école. Il est difficile pour ces élèves de travailler et de faire des études en même temps. On est trop crevé pour se concentrer sur le bac.

> conseillerais

> de ne pas travailler pendant la Terminale

Je *would advise* à tous les étudiants de *not to work during sixth year*, et de travailler pendant les vacances. En tout cas, le gouvernement a voté une loi qui *forbids employers from hiring* les jeunes âgés de moins de seize ans.

> défend aux employeurs d'embaucher

(environ 150 mots)

Translation

'Having a part-time job during school is a bad idea.' What do you think?

In my opinion, there are advantages and disadvantages. On the one hand, you become independent by working outside the home. You learn how to budget and make savings. You find out more about the adult world, how people respect one another, how people behave, and so on and so forth.

On the other hand, many students can't enjoy themselves at the weekend because of their job. There are those who work during the week and can't get up the following morning for school. It's difficult for these students to work and study at the same time. They are too tired to concentrate on the Leaving Cert.

I would advise all students not to work during 6th Year and to work during the holidays. In any case, the government has passed a law that forbids employers from hiring young people under the age of 16.

Question 1 sample answers

Leaving Cert 2009

Question 1 (a)

En Irlande aujourd'hui, beaucoup de personnes ne peuvent pas vivre sans internet. Qu'en pensez-vous ?

Sample answer

Je crois que c'est vrai. Je trouve que presque tout le monde utilise l'internet. On* passe plusieurs heures par jour devant l'écran de l'ordinateur. Mais que voulez-vous ? Il est à noter qu'il y a bien des avantages à l'internet. On se sert de l'internet pour faire des affaires et pour envoyer des documents.

Il y a des gens qui l'utilisent pour envoyer des méls aux amis, au lieu d'écrire une lettre. Il n'y a pas besoin de sortir sous la pluie pour acheter un timbre à la poste !

Moi, je me sers de* l'internet pour surfer, c'est-à-dire pour trouver des informations. Ça sert à faire des études à l'école et à la fac. On peut aussi participer à des forums pour s'exprimer.

Beaucoup de jeunes jouent aux jeux électroniques avec d'autres de n'importe où dans le monde.

Pour conclure, on ne peut pas s'en passer*. Ce serait très difficile.

(148 mots)

Vocabulary

*using 'on' to mean 'anyone, people, they, one'
je me sers de = j'utilise
se passer de   *to do without* (but se passer – *to occur*)

Translation

I think it's true. I find that almost everyone uses the internet. People spend several hours a day in front of the computer screen. But what do you expect? It must be said that there are many advantages to the internet. People use the internet to do business and send documents.

There are those who use it to send emails to friends, instead of writing a letter. You don't have to go out in the rain to the post office to buy a stamp.

I use the internet to surf, that is to say, to find information. It's used for studying at school or college. You can also take part in debates to express yourself.

Many young people play computer games with other people from all over the world.

To conclude, people can't do without it. It would be very difficult.

Leaving Cert 2008

Question 1 (a)

Un endroit que vous associez à un évènement heureux et pourquoi vous l'avez choisi.

> Note the words in **bold** type – they are useful vocabulary items.

Sample answer

Ce que j'aime le plus dans la vie, c'est la musique. Elle m'aide à **échapper au train-train** de la vie quotidienne. **Il s'ensuit que** j'associe la RDS à un évènement heureux dans ma vie. C'est là qu'**a eu lieu** le meilleur concert que j'aie* jamais vu.

L'été dernier, ma meilleure amie, Joanne, et moi sommes allées à la RDS pour voir Michael Bublé en concert. C'est mon chanteur préféré, et il est si beau. Je ne l'oublierai jamais. Quelle soirée formidable ! On a rigolé et dansé. Nous nous sommes bien amusées. Il faisait si chaud. **Je me suis tellement défoulé !**

On utilise la RDS pour beaucoup d'**épreuves sportives** ainsi que des **concours hippiques**. C'est un très beau stade avec des **plates-bandes** autour du terrain. Il a été construit pendant le dix-neuvième siècle, donc le stade a une tradition historique et dublinoise.

(143 mots)

Vocabulary

*subjunctive after the superlative 'the best that ...'

Translation

<u>What</u> I like most in life is music. It helps me <u>to escape the hustle and bustle</u> of everyday life. <u>It follows from that</u> that I associate the RDS with a happy event in my life. It was there that the best concert that I have ever seen <u>took place</u>.

Last year, my best friend Joanne and I went to the RDS to see Michael Bublé in concert. He's my favourite singer and so handsome. I will never forget it. What a marvellous evening! We joked and danced. We had a great time. The weather was so warm. <u>I really let off some steam!</u>

They use the RDS for a lot of <u>sporting events</u> as well as <u>horse show jumping events</u>. It's a very lovely stadium with <u>flowerbeds</u> around the pitch. It was built during the 19th century, so the stadium has an historic and Dublin tradition.

Leaving Cert 2008

Question 1 (b)

Le silence, c'est l'exception. Qu'en pensez-vous ?

Sample answer

Bien sûr, nous vivons dans une époque de bruit. À vrai dire, ça m'énerve. Le silence est bon pour la santé, mais le bruit incessant de la vie quotidienne provoque des maladies nerveuses. Quelles en sont les causes ? Pourquoi est-ce que nous vivons dans **un tel** environnement **malsain** ?

D'abord, presque tous les aspects de la vie moderne créent du bruit, **tels que** les téléviseurs, les machines à laver, les séchoirs, les lave-vaisselle, les micro-ondes – tous contribuent au bruit épouvantable dans la maison.

En dehors du foyer, dans nos gares, dans nos aéroports, dans toutes nos villes – il y a toujours le bruit des moteurs. **On peut à peine y échapper.**

Enfin, même s'il n'y a pas de machines, il y a toujours les cris et les hurlements des enfants, et les disputes à la maison. Le silence est l'exception, je crois.

(145 mots)

Translation

Of course, we are living in a noisy time. To tell the truth, it gets on my nerves. Silence is good for the health, but the incessant noise of daily life causes nervous problems. What are the causes of it? Why do we live in <u>such an unhealthy</u> environment?

First of all, almost all aspects of modern life create noise, such as TV sets, washing machines, clothes driers, dishwashers, microwaves – all contribute to the awful noise in the home.

Outside the home, in our railway stations, in our airports, in every town – there is always the noise of engines. <u>You can hardly escape it</u>.

Finally, even if there are no machines, there are always the shouts and screams of children, and arguments at home. Silence is the exception, I believe.

Leaving Cert 2007

Question 1 (b)

Aujourd'hui en Irlande, on prend la voiture au lieu d'utiliser les transports en commun ou d'aller à pied. Quels problèmes cela pose-t-il pour notre société ?

Sample answer

Malheureusement, de nos jours, les voitures sont un fléau dans notre société. Il y a trop de circulation et d'embouteillages dans les villes. Les rues **sont pleines à craquer aux heures de pointe.**

Presque tout le monde utilise une voiture au lieu d'utiliser les transports en commun. Nous sommes devenus paresseux.

Tout cela **a provoqué** des problèmes pour nous. D'abord, les **pots d'échappement** émettent de la fumée qui est une cause de **l'effet de serre**. Il y a maintenant un énorme trou dans la **couche d'ozone**.

L'usage des voitures est lié au problème de l'obésité, parce que **peu de gens** vont au travail à pied.

Quant aux jeunes, ils désirent des autos et ils les conduisent trop vite. **Il en résulte** plus d'accidents mortels. Il y a ceux qui ne font pas assez attention à la sécurité routière.

Finalement, de plus en plus de voitures **entraînent** plus de routes. Les communautés sont divisées par les autoroutes, et il y a plus de bruit. Il va sans dire que les voitures ont créé **un tas de maux** pour notre société.

(178 mots)

Translation

Unfortunately, nowadays, cars are a scourge in our society. There is too much traffic and too many traffic jams in the towns. The roads <u>are full to bursting at rush hour</u>.

Almost everyone uses a car instead of using public transport. We have become lazy.

All that <u>has caused</u> problems for us. Firstly, the <u>exhaust pipes</u> emit smoke, which is a cause of <u>the greenhouse effect</u>. There is now a huge hole in the <u>ozone layer</u>.

The use of cars is linked to the problem of obesity, because <u>few people</u> walk to work.

With regard to young people, they want cars and they drive them too quickly. <u>The result is</u> more fatal accidents. There are those who do not pay enough attention to road safety.

Finally, more and more cars <u>involve</u> more roads. Communities become separated by motorways and there is more noise. It goes without saying that cars have created <u>a heap of problems</u> for our society.

Leaving Cert 2006

Question 1 (a)

En réalité, les personnes âgées sont les oubliées de notre société. Êtes-vous d'accord ?

Sample answer

Les personnes âgées – les oubliées

Je suis tout à fait d'accord avec cette affirmation. Tout d'abord, on exagérerait à peine en disant que les personnes âgées sont les oubliées de notre pays. Elles trouvent la vie quotidienne en Irlande très chère, et personne ne veut leur donner un coup de main quand elles **en ont besoin**.

Par exemple, le gouvernement ne veut pas augmenter leurs pensions. **Il y a ceux qui** n'ont pas les moyens pour acheter de quoi manger.

Deuxièmement, cela m'agace quand je lis dans les journaux que les retraités doivent faire la queue pendant des heures pour voir un médecin.

Troisièmement, les familles sont trop occupées pour communiquer avec leurs grands-parents. Les parents se dépêchent **ici et là** pour aller au travail, faire des courses et emmener leurs enfants au sport et aux activités. Ils oublient leurs propres parents, qui **ne se plaignent pas**. C'est dommage. Les familles n'ont pas le temps.

(150 mots)

Translation

I quite agree with this statement. First of all, we would hardly be exaggerating by saying that the elderly are the forgotten ones in our country. They find daily life in Ireland very expensive, and nobody wants to give them a hand when they <u>need it (have need of it)</u>.

For example, the government doesn't want to increase their pensions. <u>There are those who</u> cannot afford to buy food.

Secondly, it annoys me when I read in the papers that the elderly have to queue for hours to see a doctor.

Thirdly, families are too busy to keep in contact with their grandparents. Parents are hurrying <u>hither and thither</u> to go to work, do the shopping and take their kids to sports and events. They forget about their own parents, who <u>don't complain</u>. It's a pity. Families haven't the time.

Leaving Cert 2005

Question 1 (a)

L'auteur suggère qu'on n'est jamais content, qu'on considère que la vie est meilleure autre part. Et vous, pensez-vous que « l'herbe est plus verte ailleurs » ?

Sample answer

> Another way of agreeing with a statement.

> Rather than starting a sentence with 'Beaucoup de gens', say it better as 'There are people who …'

J'adhère totalement à l'opinion de l'auteur. **Il y a beaucoup de gens qui** croient que l'herbe est plus verte ailleurs. **Personne n'**est jamais heureux de sa vie. Nous

> When 'nobody' is the subject of a sentence, 'personne ne' goes before the verb. When 'nobody' is the object, split them: 'ne' (verb) 'personne'.

habitons dans un monde qui est très matérialiste, où tout le monde veut quelque chose qu'il **n'a pas.**

> The English 'haven't got' is translated only by 'avoir'.

On désire de plus en plus de biens. On n'**atteint** jamais le bonheur. Donc, on cherche

> atteindre (to reach, attain); 'gn' appears in 'nous, vous, ils/elles': nous atteignons, vous atteignez, ils atteignent.

> Subjunctive 'soit' after 'don't think that …'

> Example of 'si' + imperfect + conditional: si on prenait conscience … on serait … (if people realised … they would be …).

ailleurs. Pour ma part, **je ne pense pas** que l'herbe **soit** plus verte ailleurs. **Si on prenait** conscience qu'on a déjà beaucoup, **on serait** content.

Si nous avons des familles, des amis, une bonne santé, un logement et des valeurs morales, alors nous avons de la chance. Nous avons tout.

> Another example of 'si' + imperfect + conditional: si on avait le choix … on choisirait … (if people had the choice … they'd choose …).

À mon avis, **si on avait** le choix entre une augmentation de salaire et de bons amis, je crois qu'**on choisirait** les amis.

(environ 135 mots)

Translation

I agree totally with the author. Many people believe that the grass is greener on the other side. Nobody is ever happy with their life. We live in a world that is very materialistic, where everyone wants something that they haven't got.

People want more and more goods. They never attain happiness. So, they look elsewhere. In my view, I don't think that the grass is greener elsewhere. If people realised that they already have a lot, they would be happy.

If we have families, good friends, good health, housing and good moral values, then we are lucky. We have everything.

In my opinion, if people had the choice between an increase in salary or good friends, I think that they would choose friends.

Leaving Cert 2005

Question 1 (b)

Le rôle de la mère. Peut-il jamais changer ?

Sample answer

À mon avis, le rôle de la mère ne peut jamais changer. C'est la mère qui s'occupe des enfants. Dans ma vie, ma mère **a dû** nous élever, mes frères et moi, tandis que mon père travaillait. Elle est toujours là pour nous. Je crois avoir de la chance parce que ma mère peut travailler chez nous comme femme au foyer.

On dit que le rôle de la mère a changé, mais en réalité, je pense qu'il n'a pas **tellement** changé. Elle doit surveiller les enfants, et **il faut qu'elle sache** ce que font les petits tout le temps. Selon la société, le père est le chef de famille, et il doit gagner sa vie pour soutenir* la famille.

En revanche*, de plus en plus de mères doivent travailler hors de chez elles pour payer l'emprunt-logement*. Donc, leur rôle a changé. Malheureusement, dans plusieurs **foyers**, les mères rentrent du travail et doivent faire les tâches ménagères le soir. Ça, ce n'est pas **juste**. De nos jours, il faut **partager** les responsabilités du foyer.

(173 mots)

Vocabulary

*soutenir *to support*	l'emprunt-logement *mortgage*
en revanche *on the other hand*	

Translation

In my opinion, the role of the mother can never change. It's the mother who <u>looks after the</u> children. In my life, my mother <u>had to</u> raise us, my brothers and I, while my father worked. She is still there for us. I believe I'm lucky because my mother can work at home as a housewife.

They say that the role of the mother has changed, but in reality, I think it hasn't changed <u>so much</u>. She has to watch over the children, and <u>she has to know</u> what the little ones are doing the whole time. According to society, the father is the head of the family, and he has to earn a living to support the family.

On the other hand, more and more mothers have to work outside the home in order to pay the mortgage. Therefore, their role has changed. Unfortunately, in several <u>households</u>, the mothers return from work and have to do the chores in the evening. That's not <u>fair</u>. Nowadays, we must <u>share</u> the responsibilities of the home.

- To prepare for Question 2 of the Written Expression section of the exam by understanding what each of the different writing tasks entails.
- To learn the important phrases you will need.
- To practise writing clear, correct French.

Question 2 consists of a:

- diary entry
- fax/email/note
- formal letter.

Diary entry

This is little more than a **note to yourself.** You are expressing your thoughts on paper about the events of a particular day. **It is worth mentioning that this type of question appears on the Leaving Cert Honours paper almost every year.**

Note the words in **bold** in the samples below. This vocabulary is useful throughout the French Leaving Cert exam.

Sample question

You lost your cool with your parent(s).

Sample answer

Cher Journal,

Oui, **je me souviens** quand j'ai perdu mon sang-froid avec mon père **il y a quelques années**.

C'était pendant les vacances d'été et j'avais le projet de rencontrer mes copains pour aller en ville et traîner dans une grande surface. C'est à ce moment-là que mon père a reçu mes résultats scolaires – j'avais échoué en français et en biologie.

Il m'a grondée et **nous avons eu** une grande querelle. Au bout de quinze minutes, **je lui ai dit qu'il m'avait agacée** et je suis sortie. J'ai dit : « Je m'en fiche ! »

Maintenant, après tout, je le regrette parce que, en général, j'ai de bons rapports avec mes parents. Je comprends que tout ce qu'**ils veulent, c'est que je fasse de mon mieux** pour avoir de bonnes notes au bac.

Paul

(133 mots)

Translation

Dear Diary,

Yes, <u>I remember</u> when I lost my cool with my father <u>a few years ago</u>.

It was during the summer holidays and I had plans to meet my friends to go into town to do some window shopping. It was then that my father got my school results – I had failed French and Biology.

He gave out to me and <u>we had</u> a big row. After 15 minutes, <u>I told him that he had annoyed me</u> and I went out. I said "I don't care!"

Now, after all, I am sorry about it because, in general, I have a good relationship with my parents. I understand that <u>they only want me to do my best</u> to get good marks in the Leaving Cert.

Diary entry sample answers

Leaving Cert 2005
Question 2 (b)

After a night on the town, you realise that you spent too much. You think that everything is too dear.

Sample answer

Cher Journal intime,

*Quelques lignes pour te donner de mes nouvelles. Qui a dit que la vie est belle ? Ce n'est pas pour moi. Je suis sortie avec mes amies **pour prendre un pot** avec elles. Au début de la soirée, **tout a bien marché**. Je me suis bien amusée.*

*En fait, j'ai rencontré un beau mec et **j'ai pris rendez-vous avec lui pour** samedi prochain. Malheureusement, j'ai trop **dépensé**. Que je suis bête ! Je pense que la nourriture et l'alcool sont trop chers ici en Irlande. Je suis complètement fauchée. **Je n'arrive pas à le croire !***

*J'ai téléphoné à mon amie Anne pour lui demander de me donner de l'argent pour mon rendez-vous de samedi, mais **il n'y avait personne** chez elle. Ma mère m'a conseillé de mieux contrôler mes dépenses. Bien entendu, elle a raison.*

*Maintenant, je me sens **vachement** déprimée. Je vais devoir rester à la maison, sans argent, sans animation. Deux mots **résument** la situation : angoisse et frustration. Les choses coûtent trop cher en Irlande. C'est affreux.*

Je me sens épuisée. Je vais me coucher.

À demain,
Katherine

(184 mots)

Translation

Dear Diary,

A few lines to give you my news. Who said that life is lovely? It isn't for me. I went out with my friends <u>for a drink</u> together. At the beginning of the evening, <u>everything worked out fine</u>. I had a great time.

In fact, I met a lovely guy and <u>I arranged to meet him</u> next Saturday. Unfortunately, I <u>spent</u> too much money. How stupid I am! I think food and drink are too dear here in Ireland. I'm completely broke. <u>I can't believe it!</u>

I phoned my friend Ann to ask her to give me some money for my date next Saturday, but <u>there was no one</u> at home. My mother advised me to control my expenses better. Of course, she's right.

Now, I feel <u>really</u> depressed. I'll have to stay at home, without money, without any fun. Two words <u>sum up</u> the situation: anxiety and frustration. Things are too expensive in Ireland. It's terrible.

I feel exhausted. I'm going to bed.

Until tomorrow,

Katherine

Leaving Cert 2009
Question 2 (a)

Vous vous êtes disputé avec votre meilleur(e) ami(e).

Sample answer 1

Cher Journal,

Quelle nuit ! Je ne l'oublierai jamais. Cette soirée, qui **aurait dû être** chouette, est devenue un vrai cauchemar. Je **viens de me disputer** avec ma meilleure amie. Je suis si déprimée.

Aujourd'hui, c'était l'anniversaire de Sandra. Elle a organisé une fête chez elle, à neuf heures. Malheureusement, j'ai raté l'autobus et je suis arrivée très tard le soir.

En y arrivant, j'ai vu qu'elle était agacée. J'ai essayé de lui expliquer, mais elle m'a dit qu'elle ne voulait pas m'écouter, qu'elle en **avait marre de** mes excuses !

Que j'étais fâchée ! Je suis partie de sa maison toute de suite. J'ai dû rentrer chez moi à pied, et **pour comble de malheur**, il pleuvait à verse ! J'ai été mouillée jusqu'aux os !

J'espère que demain sera une meilleure journée. **La nuit porte conseil.** Je suis crevée, donc, **je ferais mieux de** me coucher.

À demain,
Katie

(146 mots)

Translation

Dear Diary,

What a night! I'll never forget it. This evening, which <u>should have been</u> great, was a real nightmare. I've just <u>had a row</u> with my best friend. I'm so depressed.

Today was Sandra's birthday. She arranged a party at her house at 9 o'clock. Unfortunately, I missed the bus and arrived late in the evening.

<u>On arriving there</u>, I saw that she was annoyed. I tried to explain to her, but she told me that she didn't want to listen to me, that she <u>was fed up with</u> my excuses!

<u>I was so angry!</u> I left her house at once. I had to walk home, and <u>to cap it all</u>, it was pouring with rain. I was soaked to the skin!

I hope that tomorrow will be a better day. <u>Let's sleep on it</u>. I'm exhausted, so it <u>would be better to</u> go to bed.

Until tomorrow,
Katie

Sample answer 2

Cher Journal,

Quel culot ! Je viens de me disputer avec ma meilleure amie, Susan. Elle **m'a dit** que **nous irions** en ville ensemble.

> Note the indirect speech: 'she said that we would go …' – 'passé composé' followed by conditional.

> 'there': try to use pronouns. They impress!

Nous avons prévu d'**y** aller demain, mais aujourd'hui, j'ai appris qu'elle **avait** déjà **décidé** de passer la journée avec son petit ami, sans me le dire !

> Pluperfect tense: 'I learned that she had decided'.

> A very useful phrase for any written topic: 'should have told'. Three verb in a row is a tricky bit of grammar, literally 'would have (*aurait*) had to (*dû*) tell (*informer*)'. 'Devoir' is alway followed by an infinitive.

Ce qui m'agace, c'est que son frère **aurait dû m'informer** parce que Susan m'aurait dit demain ! Elle m'énerve.

> After 'peut-être' at the start of a sentence, use 'que'.

Peut-être que nous pourrions faire quelque chose le lendemain, mais elle est vachement têtue ! Je me demande si je lui enverrai un texto. Est-ce que je **lui** dirai qu'elle a tort ?

> Use 'lui' because 'dire' takes 'à', therefore 'to her' – *lui*.

*C'est casse-pieds parce que je ne sais pas comment elle va réagir si je **la** gronde.*

> Use 'la' because 'to' in 'to give out to' is already in the verb 'gronder', therefore 'her' – *la*.

*Comme d'habitude, elle n'avouera pas que j'ai raison. Quel cauchemar !
Maintenant **il faut que j'aille** me coucher.*

(139 mots)

> Subjunctive 'aille' after 'il faut que' (*it is necessary that*).

Translation

Dear Diary,

What a cheek! I've just had an argument with my best friend, Susan. <u>She told me that we would</u> go into town together.

We planned to go there tomorrow, but today, I learned that she <u>had</u> already <u>decided</u> to spend the day with her boyfriend, without telling me!

What annoys me is that her brother <u>should have let me know</u> because Susan would have told me tomorrow. She infuriates me!

<u>Perhaps we could</u> do something the following day, but she is really stubborn! I wonder whether (if) I'll send her a text. Will I tell <u>her</u> that she's wrong?

It's a nuisance because I don't know how she'll react if I give out to <u>her</u>.

As usual, she won't admit that I'm right. What a nightmare! <u>I'll have to</u> go to bed now.

Leaving Cert 2006
Question 2 (a)

A visit from an unpopular exchange student.

Sample answer

Cher Journal,

Avant d'aller au lit, je veux te raconter <u>ce qui m'est arrivé</u> ce soir. Quel cauchemar ! Ma mère vient de me dire qu'Amélie va séjourner chez moi pour deux semaines cet été. C'est affreux ! <u>Je n'en croyais pas mes oreilles.</u>

C'est une jeune fille française <u>avec qui</u> j'ai fait un échange scolaire en France l'été dernier. C'est une expérience que je n'<u>oublierai pas</u> de sitôt ! Je ne me suis pas bien entendue avec elle. Elle a fait des bêtises et elle était égoïste.

Au secours ! Qu'est-ce que je vais faire ? Nous n'avons pas les mêmes intérêts en ce qui concerne la musique, <u>les mecs</u> et les vêtements.

Alors, je suis épuisée et je vais m'endormir.

Bonne nuit,

Hannah

(114 mots)

Translation

Before going to bed, I want to tell you <u>what happened to me</u> this evening. What a nightmare! My mother has just told me that Amelie is staying with us for two weeks this summer. It's terrible! <u>I couldn't believe my ears.</u>

She's a young French girl <u>with whom</u> I did a school exchange in France last year. It was an <u>unforgettable</u> experience! I didn't get on with her. She acted the idiot and she was selfish.

Help! What will I do? We haven't the same interests regarding music, <u>guys</u> and clothes.

Well, I'm exhausted and I'm going to sleep.

Good night,
Hannah

Fax/email/note

This section of the written paper is not as difficult as the reaction/opinion questions because the vocabulary does **not** have to be **specialised** and because you are **given the points** to talk about.

- A note usually consists of **reported speech**, such as 'He said that …', 'They asked whether …', etc.
- A note is often written by a student from abroad staying with you, or when you are staying with a French family.
- The note is **short** and to the point. Keep to the points in the question. Use all the guidelines that you are given.
- Very often, the note deals with:
  (a) an apology for cancelling an appointment
  (b) organising collection of people or exchanges
  (c) to say that someone dropped in, but the host was not there.

How are we meant to know all the vocabulary?

- Through practice.
- Reading and studying old examples of 'le mot'.
- Similar vocabulary comes up regularly.

1   Practise writing notes using typical vocabulary for any situation. **Brainstorming** is good exercise for the Written section, i.e. to select a theme or question.

2   Jot down all the ideas/vocabulary/verbs that may be required to answer the question, then compose the answer. (Ask your teacher to correct it.)

3   You should equip yourself with several **verbal expressions**, such as:
Je te laisse ce mot …   *I'm leaving you this note …*
pour te faire savoir/dire que …   *to let you know/tell you that …*
Elle n'arrivera pas ici avant 8h.   *She won't get here before 8 o'clock.*
j'espère   *I hope*
il doit   *he has to*

> elle va *she's going*
> nous voulons *we want*
> on peut *one/we can*
> Je ne sais pas si ... *I don't know whether/if ...*
> Elles ont dit qu'ils ne reviendraient pas vendredi. *They said that they would not be returning on Friday.*
> Voulez-vous leur donner un coup de fil ? *Will you give them a call?*
> Elle se demandait si ... *She was wondering whether ...*

Sample note 1

You are staying with a French family. One day, you are alone and receive a telephone call from their son Jacques. You leave a note.

Sample answer

Madame,

Votre fils, Jacques, a téléphoné à dix heures. Il a dit que, alors qu'il était en route depuis Perpignan, sa voiture <u>est tombée en panne</u>. Il a contacté <u>le service de dépannage</u> et son auto <u>a été prise en remorque</u> jusqu'au garage. Le mécanicien peut la réparer ce soir. Elle sera prête demain. Donc, il doit rester à Perpignan pour une nuit, et <u>n'arrivera pas chez lui</u> avant midi demain.

Jacques m'a dit de vous informer qu'il a acheté le vin que vous aviez commandé. Il en a acheté six bouteilles. Je sors maintenant pour rejoindre mes copains au café. <u>Je serai de retour</u> à 19 heures. Ne vous inquiétez pas.

À tout à l'heure.

(113 mots)

Translation
Madame,

Your son Jacques phoned at 10 o'clock. He said that, on the way from Perpignan, his car <u>broke down</u>. He contacted <u>the breakdown service</u> and his car <u>was towed away</u> to the garage. The mechanic can fix it this evening. It will be ready tomorrow. So he has to stay in Perpignan for one night and <u>won't get home</u> before midday tomorrow.

Jacques told me to tell you that he bought the wine that you had ordered. He bought six bottles. I'm going out now <u>to join</u> my friends at the café. <u>I'll be back</u> at 7 o'clock. Don't worry.

See you soon.

Sample note 2

You are on holiday with the Vachon family. You are alone in the house when someone rings the doorbell. It is a man who says that he has come to repair the television. As you do not know him, you do not wish to let him in. You leave a note for Monsieur and Madame Vachon. In it, you tell them:

- at 3.30, a man calling himself M. Lattes dropped by to repair the television
- since he was a stranger to you, you did not let him enter the house
- he said that he would return at 4.30
- if there is nobody at home at that time, could the Vachons phone the shop before 6 o'clock this evening to make another appointment
- you are going out now to meet your friends at the swimming pool.

Sample answer

Monsieur/Madame,

J'écris ce mot pour vous informer de la chose suivante : j'étais seul(e) à la maison quand on a sonné à la porte. C'était un monsieur **qui a dit qu'il était venu** réparer la télévision. Il est passé à 15 heures 30.

> 'who said that he had come': this is reported speech. It means that after the 'passé composé' 'said', the next verb 'had come' goes into the pluperfect tense.

I didn't let him in

Il s'appelait M. Lattes. **Je ne l'ai pas laissé entrer** parce que je ne le connaissais pas. Il a dit qu'il reviendrait à 16 heures 30, et s'il n'y avait personne à cette heure-là, pourriez-vous **prendre un nouveau rendez-vous** avant 18 heures ce soir?

> to make another appointment

Téléphonez au magasin qui s'appelle « Les Nouvelles ». **Je m'en vais rejoindre mes amis** à la piscine.

> I'm going off …

… to meet my friends.

(environ 105 mots)

Translation

I'm writing this note to let you know about the following: I was alone in the house when someone rang at the door. It was a gentleman who said that he had come to repair the television. He called at 3.30.

His name was M. Lattes. I didn't let him in because I didn't know him. He said that he would be back at 4.30, and if there was nobody here at that time, could you make another appointment before 6 o'clock this evening?

Phone the shop called 'Les Nouvelles'. I'm going off to join my friends at the pool.

From the language point of view, there are certain **expressions** that are fairly **predictable**.

1 The start of a note nearly always opens with:
Je vous écris ...   *I am writing* ...
Je vous laisse ce mot ...   *I am leaving this note* ...
('Écris' and 'laisse' include the word 'am', as in 'I am writing, I am leaving this note')
pour vous faire savoir/vous annoncer/vous informer ...   *to let you know*

2 'Someone knocked/rang at the door/phoned' are often included in a note. It is better to use '**on**' if you don't know the identity of the caller: 'on a frappé/on a sonné à la porte/on a téléphoné.'

3 Watch your **tenses**; they can alter grades! 'J'étais, il s'appelait, je connaissais, y avait' all describe incomplete actions that **were still going on** and so are **imperfect** tense actions. On the other hand, 'il a dit, il est passé, j'ai laissé' are complete or finished actions and so are expressed using the '**passé composé**'.

4 Always try to include **unusual expressions** that most students would not generally use. These phrases stand out in your work. For example:
pour vous faire savoir   *to let you know*
Je m'en vais maintenant.   *I'm off now.*
rejoindre mes amis   *to meet/join my friends*

5 Restrict yourself to fairly **short sentences** that you are sure are correct. Avoid long sentences, which allow more opportunities to make mistakes.

6 Pay close attention to each sentence that you write. Look out for **tenses**, **verbs**, **adjectives** and **agreements of past participles**.

Sample note 3: Department of Education sample paper

You and some friends are going on a holiday to France in a few days' time. You intend spending a few nights at a camping site in Le Havre, where your friend Jean(ne) lives with his/her family. Write the message in French you will send him/her by fax or email, saying:

- that you and your friends will camp for a few nights in Le Havre
- when you will arrive in Le Havre and how long you will stay there
- that you would like to meet him/her in a café or nightclub
- that you and your friends would like it very much if he/she could come with you on a trip to Paris
- that you will contact him/her again as soon as you reach Le Havre.

Sample answer

Chère Jeanne,

> Since the note is likely to be a fax or email, a useful opening is: Je t'envoie ce message par télécopie (*I'm sending you this message by fax*).

Je t'envoie ce message par télécopie pour te faire savoir que **quelques amies et moi avons l'intention** de venir en vacances en France.

> 'Quelque amies et moi avons l'intention …' Don't fall into the trap of writing the third person plural after 'mes amies et moi …'; use the 'nous' form.

> 'le 5 de ce mois': simply 'the 5th of this month' (the current month).

On partira samedi prochain, **le 5 de ce mois**. En **y arrivant**, on passera trois nuits au Havre dans un camping municipal.

> Using 'y' will impress. You cannot keep repeating the place that you are going to. Instead, say that you 'are going there – on **y** va'.

> The present participle also impresses. Instead of saying 'When we arrive in …', it means 'On arriving in …'

> Another friendly approach in a letter or message is: 'How about doing …? What about going …?' In French, it is 'si' plus the 'imparfait': Si on allait au cinéma ? Si on jouait au tennis ?

Si on se retrou**vait** dans un café ou une boîte pour prendre un pot ?

> It is very French to use the highly useful 'on' to mean 'we' with the third person singular: 'On y va. On passera. Si on se retrouvait ?' (*We're going there. We'll drop in. Shall we meet up ?*)

> When you wish someone else to do something, use the 'subjonctif' : 'Mes copines et moi voudrions que tu viennes …'

Mes copines et moi voudrions **que tu viennes** avec nous pour faire une excursion à Paris. Je passerai chez toi **aussitôt que nous arriverons** au Havre.

À samedi.

Julie

> The 'futur simple' in the main clause plus 'aussitôt que/dès que' leads into the logical future: 'I will call in on you as soon as we arrive in Le Havre.'

(environ 90 mots)

Translation

Dear Jeanne,

I'm sending you this fax to let you know that a few friends and I intend to come on holiday to France. We will leave next Saturday, on the 5th of this month. On arriving there, we'll spend three nights in Le Havre at a public campsite.

What about meeting up in a café or a nightclub for a drink? My friends and I would like you to come with us on a trip to Paris. I'll drop in on you as soon as we arrive in Le Havre.

See you on Saturday.
Julie

Sample note 4

You are working as an au pair for a Belgian family in Brussels. One afternoon, a newly acquired friend from the vicinity calls at your house and invites you to go window shopping in the old city. After finishing your chores, you go out with your friend, leaving the following note:

- tell your host family that a friend dropped in and asked you to go into town with her
- tell them exactly where you will be and when you will return
- let them know that you have already peeled the vegetables and watered the house plants and that you have tidied the children's bedroom and hoovered the floor
- tell them not to worry, that you will come home with your friend.

Translate the English in *italicised* type.

Madame,

(i) I'm leaving you this note to let you know that I have gone out with a friend. She is Annette, who lives in the apartment block across the road. She dropped in earlier and invited me to go window shopping with her this afternoon.

On va faire du lèche-vitrine en ville, et après cela, Annette et moi allons visiter la vieille ville.

J'ai déjà épluché les légumes pour le dîner, et j'ai arrosé les fleurs pendant votre absence. J'ai aussi rangé la chambre des enfants et j'ai passé l'aspirateur dans le séjour.

(ii) Don't worry. I'll be back at around 7 o'clock this evening. I'll be returning with Annette.

Eileen

Sample answer
(i) Je vous laisse ce mot pour vous faire savoir que je suis sortie avec une copine. C'est Annette, qui habite l'immeuble de l'autre côté de la rue. Elle est passée par ici plus tôt et m'a invitée à faire du lèche-vitrine avec elle cet après-midi.

(ii) Ne vous inquiétez pas. Je vais rentrer vers sept heures ce soir. Je vais revenir avec Annette.

Sample note 5

On the way home from your holidays in Arcachon in the south-west of France, you call in on your friend Jean-Louis/Françoise in Nantes to give back the things which s/he left in your house when s/he was on holiday in Ireland a month before. Leave a note for him/her, saying:

- you dropped by to return the things that s/he forgot to bring home from Ireland
- as you were in a hurry, you could not wait for his/her arrival
- you met the next-door neighbour who was very obliging and agreed to keep the things for your friend
- you were on holiday in Arcachon and had a wonderful time
- you will write to him/her soon about your holiday.

Sample answer

> Salut Françoise,
>
> Je suis passé chez toi aujourd'hui, en revenant de mes vacances, pour te **rendre** les affaires que tu avais **laissées** chez moi quand tu **m'as rendu visite** en Irlande le mois dernier.
>
> Il s'agit d'un réveil, d'un sac à dos, d'un ouvre-boîte et un cadeau que ta correspondante **t'avait donné**, c'est-à-dire, le chandail d'Aran, ton tricot très lourd en laine irlandaise. Il est formidable !
>
> Malheureusement, il n'y avait personne quand je suis passé. Cependant, j'ai rencontré ta voisine, et elle m'a dit qu'elle garderait tes affaires pour toi. C'était très aimable de sa part.
>
> Je viens de passer un très bon séjour à Arcachon. Je me suis bien amusé. J'écrirai plus tard pour te raconter mes vacances.
>
> Pierre
>
> (environ 120 mots)

> The verb 'rendre' here means 'to give back' or 'return'.

> Note the agreement of 'laissées' because the direct object 'affaires' comes before the verb 'avoir'.

> When visiting a person, use 'rendre visite à'; when visiting a place, use 'visiter': 'Je vais rendre visite à mon oncle. Je vais visiter La Villette.'

> Do not make the verb ending agree with the pronoun directly before it if that pronoun is an object, and not the subject; eg. Mes parents/ils nous donnent. In this example, 'nous' actually means 'to us' and not 'we'.

Translation

Hi Françoise,

I dropped in on you today on the way back from my holidays to give you back the things you had left in my house when you visited me in Ireland last month. They include an alarm clock, a rucksack, a can opener and a present which your penfriend had given you, i.e. the Aran sweater, your heavy jumper made of Irish wool. It's brilliant!

Unfortunately, there was nobody there when I called in. However, I met your neighbour, and she told me that she would keep your things for you. It was very nice of her.

I've just had a very good holiday in Arcachon. I enjoyed myself. I'll write later to tell you about my holidays.

Pierre

Sample note 6
Translate this sample.

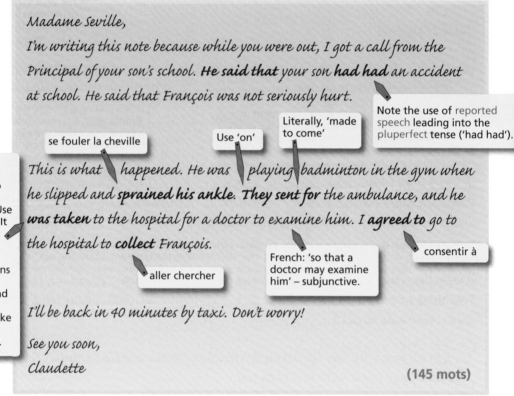

Madame Seville,

I'm writing this note because while you were out, I got a call from the Principal of your son's school. **He said that** your son **had had** an accident at school. He said that François was not seriously hurt.

[se fouler la cheville]

[Use 'on']

[Literally, 'made to come']

[Note the use of reported speech leading into the pluperfect tense ('had had').]

[Never say 'prendre' to translate 'to bring/take someone'. Use 'emmener'. It should be noted that 'amener' usually means to bring someone and 'emmener' means to take someone somewhere.]

This is what happened. He was playing badminton in the gym when he slipped and **sprained his ankle**. **They sent for** the ambulance, and he **was taken** to the hospital for a doctor to examine him. I **agreed to** go to the hospital to **collect** François.

[aller chercher]

[French: 'so that a doctor may examine him' – subjunctive.]

[consentir à]

I'll be back in 40 minutes by taxi. Don't worry!

See you soon,
Claudette

(145 mots)

Sample answer

Madame Seville,

J'écris ce mot parce que, pendant votre absence, j'ai reçu un coup de téléphone du directeur de l'école de votre fils. Il a dit que votre fils avait eu un accident à l'école. Il m'a dit que François n'était pas grièvement blessé.

Voici ce qui s'est passé. Il jouait au badminton dans le gymnase, quand il a glissé et s'est foulé la cheville. On a fait venir l'ambulance, et il a été emmené à l'hôpital pour qu'un médecin l'examine. J'ai consenti à aller chercher François à l'hôpital.

Je serai de retour dans quarante minutes en taxi. Ne vous inquiétez pas !

À plus tard.

Sample note 7

You are staying with your Belgian friend, Serge. One afternoon, you are alone in the house. Just as you were about to go out, the phone rings. Take the following message for Serge:

- Nicola phoned to express her anger with Serge
- he was supposed to meet her yesterday in front of the library
- she waited for two hours before going to Caroline's house
- she said that Serge ought to ring to apologise and explain what happened
- you are going out now and will see Serge later.

Sample answer

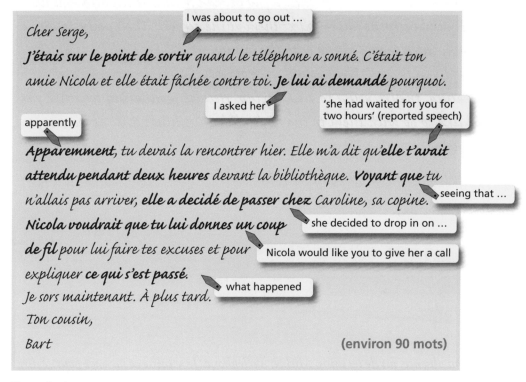

Cher Serge,

J'étais sur le point de sortir quand le téléphone a sonné. C'était ton amie Nicola et elle était fâchée contre toi. **Je lui ai demandé** pourquoi.

I was about to go out …

I asked her

apparently

'she had waited for you for two hours' (reported speech)

Apparemment, tu devais la rencontrer hier. Elle m'a dit qu'**elle t'avait attendu pendant deux heures** devant la bibliothèque. **Voyant que** tu n'allais pas arriver, **elle a décidé de passer chez** Caroline, sa copine. **Nicola voudrait que tu lui donnes un coup de fil** pour lui faire tes excuses et pour expliquer **ce qui s'est passé.**

Je sors maintenant. À plus tard.

Ton cousin,

Bart

seeing that …

she decided to drop in on …

Nicola would like you to give her a call

what happened

(environ 90 mots)

Translation

Dear Serge,

I was about to go out when the telephone rang. It was your friend Nicola and she was angry with you. I asked her why.

Apparently you were due to meet her yesterday. She told me she had waited for you in front of the library for two hours. Seeing that you were not going to come, she decided to drop in on Caroline, her friend. Nicola would like you to give her a call to apologise and explain what happened.

I am going out now. See you later.

Your cousin,

Bart

Sample note 8

Translate this sample.

> Dear Anna,
>
> While you were out, one of your friends, Michel, phoned. I'm leaving you this message to tell you what he said. He told me that it was impossible for him to come to your house tonight.
>
> attendre
>
> He explained that he was **expecting** a few Belgian friends at ten o'clock at his house. Furthermore, he has to collect them at the airport. Their plane **lands** at six o'clock. Later, they're eating **with the family.**
>
> atterrir (la terre – land, ground)
>
> en famille   se demander
>
> After eating, they're going to a nightclub. He was **wondering** whether you would like to go with them to the nightclub. Give him a call as soon as you return home.
>
> I have to leave now to meet my friends.
>
> See you tomorrow,
>
> Barbara
>
> (111 mots)

Sample answer

Chère Anna,

Pendant ton absence, un de tes amis, Michel, a téléphoné. Je te laisse ce message pour te dire ce qu'il a dit. Il m'a dit qu'il lui était impossible de venir chez toi ce soir.

Il a expliqué qu'il attendait quelques amis belges à vingt-deux heures chez lui. En plus, il doit les chercher à l'aéroport. Leur avion atterrit à dix-huit heures. Plus tard, ils dînent en famille.

Après avoir dîné, ils vont en boîte. Il se demandait si tu voudrais les accompagner en boîte. Donne-lui un coup de fil aussitôt que tu reviendras à la maison.

Maintenant je dois partir pour rejoindre mes copines.

À demain,
Barbara

Sample note 9

Translate the following into French.

Sir,

> pendant que vous étiez sorti/
> pendant votre absence

> un de mes amis – *a friend of
> mine* (not un ami de moi)

While you were out this afternoon, a friend of mine from school in Ireland called in. I had given him your address before I left Dublin.

> il ne fait que passer

> Subjunctive because of 'avant que'.

His name is Brian and he's just passing through Bordeaux on his way to Perpignan for the grape-picking season.

> Use 'prendre'.

> les vendanges: used to mean 'harvesting the grapes'

He's leaving late this evening. He's getting the 22.00 train. Brian wanted to know if I could go with him to tour the old city. He told me that he had already seen the tourist attractions such as the historical monuments and the city centre. I said I would.

> j'ai dit que oui

> Reported speech: 'that he had … seen.'

I have to go out with him now. I intend to be back by 20.00. I won't require an evening meal; I'm going to get something to eat with Brian.

> Use 'falloir': il me faut (*I need, require*)

> Say 'acheter de quoi manger'.

I hope that doesn't put you out.

> cela ne vous gêne pas/
> ne vous dérange pas

See you later,
Sean

(144 mots)

Sample answer

Monsieur,

Pendant que vous étiez sorti cet après-midi, un de mes amis d'école en Irlande est passé par ici. Je lui ai donné votre adresse avant de quitter (or: avant mon départ de) Dublin. Il s'appelle Brian et il ne fait que passer par Bordeaux en route vers Perpignan pour les vendanges.

Il part tard ce soir. Il prend le train de vingt-deux heures. Brian voulait savoir si je pourrais aller avec lui faire le tour de la vieille ville. Il m'a dit qu'il avait déjà vu les attractions touristiques telles que les monuments historiques et le centre-ville. J'ai dit que oui.

Je dois sortir avec lui maintenant. Je compte être de retour avant vingt heures. Il ne me faudra pas de repas du soir ; je vais acheter de quoi manger avec Brian. J'espère que ça ne vous dérangera pas.

À plus tard,
Sean

Sample note 10

You are due to be host to a Luxembourg student. However, a problem has just arisen. Send him/her a fax/email to explain the situation:

- there was a fire in your house and the guest room was badly damaged
- your guest cannot stay with you, but you have arranged for him/her to stay at a relative's house
- tell your friend that s/he can still come and eat meals with you and enjoy the activities already planned
- apologise for the inconvenience and send best wishes to his/her family.

Translate the English in *italics* into French.

Cher Paul/Chère Isabelle,

(i) *I'm sending you this fax to let you know that I have to change the arrangements for your stay with me in June.* C'est à cause d'un problème qui s'est produit* il y a deux jours. (ii) *There was a fire in our guest room. It destroyed the bookshelves and the bed.* Donc, il n'est pas pratique que tu séjournes chez nous ; il n'y a pas de place.

En revanche, tu peux loger chez mon cousin qui a un appartement près d'ici. (iii) *Don't worry! You can come to our house for your meals every day. Furthermore, there will be lots of activities which I have already planned for the holiday. I hope to go for mountain walks in County Wicklow. We'll also go on trips to the lovely south of Ireland.* Ça te dit de visiter Belfast pour une journée ?

Je m'excuse de te déranger. Dis bonjour à tes parents. Écris-moi pour me dire ce que tu penses de ces nouveaux préparatifs.

Au plaisir de te lire,
Margaret/Mark

Vocabulary

*s'est produit   *happened*

Answers

(i) Je t'envoie ce fax pour te faire savoir que je dois changer les préparatifs pour ton séjour chez moi en juin.

(ii) Il y a eu un incendie dans notre chambre d'amis. Il a détruit les étagères et le lit.

(iii) Ne t'inquiète pas ! Tu peux venir chez nous pour tes repas tous les jours. En plus, il y aura pas mal d'activités que j'ai déjà préparées pour le séjour. J'espère faire des randonnées dans le comté de Wicklow. Nous allons faire des excursions dans le beau sud de l'Irlande.

Sample note 11

Translate the English *italics* into French.

Dominique is a young French girl who is working as an au pair for a family who live near you. You go to the house where she works but there is nobody in. Leave a note in French for Dominique saying that:

- you are going to the beach tomorrow with your family
- you would like her to come with you
- you will pick her up at 11 a.m.
- she should bring swimwear
- she should tell the family she works for that she will have dinner tomorrow with your family.

Chère Dominique,

Je (i) *dropped by but there was nobody at home.* Je laisse ce mot pour te dire que ma famille et moi (ii) *are heading off* (use 'partir') à la plage demain. (iii) *I was wondering whether you'd like to join us.* Puisque ce sera jeudi, et pas le week-end, il y aura beaucoup moins de monde. Nous voudrions (iv) *pick you up at around* onze heures. (v) *Does that suit you?*

Je propose que tu apportes un maillot de bain. (vi) *The weather forecast is great.* On compte se baigner dans la mer. Mes parents aimeraient que tu dînes chez nous demain soir. Veux-tu informer la famille pour qui tu travailles que tu (vii) *will be home by 11.30 p.m.?*

Si tout cela te convient, téléphone-moi ce soir.

À demain,
André

(about 75 words)

Answers

(i) suis passé mais il n'y avait personne à la maison
(ii) partons
(iii) Je me demandais si tu aimerais nous accompagner.
(iv) te chercher vers
(v) Cela te convient-il ?
(vi) La météo est formidable.
(vii) seras de retour/rentreras à la maison avant vingt-trois heures trente ?

Sample note 12

Translate the English *italics* into French.

During a two-week stay in a *lycée* in France, you make friends with André, who is absent on your last day in school. Leave a note in French for him with one of his friends. In it:

- thank him for his interest and help during your stay
- ask him to pick up your Biology homework at the next class
- tell him that you will send him some of the photographs you took
- ask him to give your regards to his sister, Isabelle.

Cher André,

(i) *Just a short note to thank you for everything you did for me.* Il est dommage que tu sois absent le jour de mon départ. J'espère que tu n'es pas malade. (ii) *You took an interest in my studies and helped me a lot, especially in Biology.* Je suis nul(le) en biologie, c'est trop dur ! Je me demandais si tu pourrais ramasser mes devoirs de biologie lors du prochain cours demain. (iii) *The teacher hadn't corrected it.* (iv) *I'd like to know my result.*

(v) *As soon as I return home, I'll send you some photos that I took.* Donne mon bon souvenir à ta sœur, Carol. Elle est très gentille. (vi) *I look forward to seeing you in Ireland next year.*

Good luck.

Answers

(i) Juste un petit mot pour te remercier pour tout ce que tu as fait pour moi.
(ii) Tu t'es intéressé à mes études et m'as beaucoup aidé, surtout en biologie.
(iii) Le prof ne les avait pas corrigés.
(iv) Je voudrais savoir ma note.
(v) Dès que je rentrerai chez moi, je t'enverrai des photos que j'ai prises.
(vi) J'ai hâte de te voir en Irlande l'année prochaine.

Fax/email/note sample answers

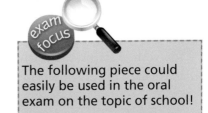

Leaving Cert 2005

Question 2 (a)

The following piece could easily be used in the oral exam on the topic of school!

Before you sit your Leaving Cert, the Principal asks you to note down three changes that you would like to make to the school, with a little explanation for each one.

Sample answer

> En premier lieu, je **propose** une semaine plus courte. À mon avis, **les horaires** sont trop chargés et les étudiants sont toujours épuisés. Il y a beaucoup de pression sur les étudiants pour aller aux cours et **beaucoup** étudier le soir.
>
> Deuxièmement, je **mettrais plus d'accent** sur le développement social que sur la réussite intellectuelle. Il y a trop de pression sur les ados pour avoir de bonnes notes mais on n'apprend pas à être heureux. C'est important d'avoir des amis et de **savoir** se détendre.
>
> Il y a autre chose que je voudrais voir ici. C'est plus de terrains de sport. Je crois que cette école a besoin de plus de sports. **Depuis** des années, je **demande** à mes parents de me conduire à un centre sportif dans une autre ville. Si nous avions des terrains de sport, plus d'élèves feraient du sport.
>
> **(146 mots)**

Translation

In the first place, I suggest a shorter week. In my view, the timetables are too full and the students are always exhausted. There is a lot of pressure on the students to go to classes and to do a lot of study in the evenings.

PAY ATTENTION TO:

- The agreement of adjectives and past participles (e.g. 'épuisés'). These are highlighted in red.
- The use of 'depuis' + present tense: 'I have been asking for'.

Secondly, I would put more emphasis on social development than on intellectual success. There is too much pressure on teenagers to get good marks, but people don't learn how to be happy. It's important to have friends and to know how to relax.

There is another thing that I would like to see here. That is, more sports grounds. I think that this school needs more sport. For years, I have been asking my parents to drive me to a sports centre in another town. If we had sports grounds, more pupils would do sport.

Leaving Cert 2009
Question 2 (b)

You wish to attend the Festival Interceltique in Lorient, Brittany, in August 2011. Write an email to the organisers in which you make the following points:

- introduce yourself and say you heard about the festival from your French teacher
- your teacher attended the festival in 2009 and said it was very enjoyable
- you are interested in traditional music and dance and you play the violin
- you speak good French and would like to help at this year's festival
- you hope they will reply to you soon.

Sample answer

Messieurs,

Je vous envoie **ce mél** pour vous faire savoir que **j'ai entendu parler** du Festival Interceltique qui a lieu* à Lorient en Bretagne. Mon prof de français m'en a parlé. Ça m'intéresse beaucoup. Je m'appelle ... et je suis élève dans une école secondaire à Dublin en Irlande. Je fais le bac cette année.

Mon prof m'a dit qu'il avait **assisté au** festival en 2009, et que c'était génial. Il s'est bien amusé.

La musique traditionelle m'intéresse énormément. De plus, je joue du violon depuis cinq ans.

Je parle assez bien le français, et ça me ferait grand plaisir* d'aider les organisateurs au festival cette année. Je pourrais dresser la scène, préparer les instruments, travailler comme guide pour les visiteurs ou même servir les clients au café.

Je n'ai pas de boulot en ce moment ; je suis donc **disponible**. J'espère que vous m'écrirez bientôt.

Au plaisir de vous lire.

(150 mots)

Vocabulary

*qui a lieu *which takes place*
ça me ferait grand plaisir de ... *I'd be delighted to ...*

Translation

I'm sending you <u>this email</u> to let you know that <u>I have heard about</u> the Interceltic Festival, which takes place in Lorient in Brittany. My French teacher told me about it. I am very interested. My name is … and I am a pupil in a secondary school in Dublin in Ireland. I'm doing my Leaving Cert this year.

My teacher told me that he <u>had attended</u> the festival in 2009 and that it was brilliant. He really enjoyed himself.

Traditional music interests me a great deal. In addition, I've been playing the violin for five years.

I speak French quite well, and I'd be delighted to help the organisers at the festival this year. I could set up the stage, prepare the instruments, work as a guide to the visitors or even serve the customers in the café.

I have no job at the moment, therefore I am <u>available</u>. I hope that you will write to me soon.

Looking forward to hearing from you.

Formal letter

Business correspondence

This is one area of the Honours paper where you can learn phrases by heart and be pretty sure of using them.

With regard to formal letters, there is no shortage of good expressions that can be learned, practised and introduced to virtually any business letter.

The examiner is very strict about the layout of a formal letter, as is any company in the business world. Don't forget to include:

- Irlande/Ireland in your own address.
- the year in the date, e.g. Cork, le 7 mai, 2012.

First, the format has to be laid out:

- Name/address of sender on the left.
- City/date/year on the right.
- Name/address of receiver on the right.
- 'Messieurs', etc.
- Body of letter.
- Formal sign off.

Example: Travel arrangements

This is a basic letter from an Irish tourist who wishes to spend a week in France. He is writing to a hotel to book a room for his family.

Learn and use idiomatic French. This is much better than translating word for word.

Michael O'Neill
4 North Avenue,
Ennis,
Ireland/Irlande

> Note the layout of the letter, which is the reverse of the English style: the sender's address is written on the left-hand side in French.

Dublin, le 1er mars 2011

Hotel Marchais,
La Place d'Algérie,
Les Sables-d'Olonne,
France

> When the person to whom you are writing has a title, use it in the opening: Monsieur le Directeur, Madame la Présidente, Monsieur le Chef du personnel, etc. There is no need to use 'Cher'.

Monsieur le Directeur,

> With all formal letters use 'vous', the polite 'you'; 'tu' would be unacceptable and even disrespectful.

Je vous écris de la part de ma famille et moi. Nous sommes une famille irlandaise, et nous avons l'intention de passer nos vacances d'été en France. Nous comptons voyager le long de la côte ouest, et nous pensions séjourner dans votre hôtel. Un de mes collègues a recommandé votre hôtel.

Nous sommes cinq : mes parents, mes deux sœurs et moi. Nous espérons arriver chez vous le dix juin, et nous comptons rester jusqu'au dix-sept. Nous voudrions réserver en pension complète une chambre double, une chambre à deux lits et une chambre avec un lit, toutes les trois avec douche.

> Certain polite phrases can be incorporated into this type of letter: Je vous serais très reconnaissant(e) … (*I would be very obliged to you* …) de bien vouloir … (*to be so good as* …).

Nous vous serions très reconnaissants de bien vouloir nous envoyer une liste de choses à faire et à voir dans les environs des Sables-d'Olonne.

Est-ce qu'il y a des sites historiques et de beaux paysages ? Qu'y a-t-il comme divertissement dans votre hôtel ? Quelles installations y a-t-il pour les jeunes ? Y a-t-il une piscine ? Comment s'amuser le soir ? Est-ce qu'il y a des tarifs réduits pour les enfants ?

Veuillez trouver ci-joint des arrhes de cinquante euros pour la réservation. J'espère vous lire par retour du courrier. J'ai hâte de vous rencontrer en juin.

Je vous prie d'agréer, Monsieur, l'expression de mes sentiments distingués.

Vocabulary

veuillez *please (used only in written communication, not oral, as it is very formal; certainly not used between penpals)*
trouver ci-joint *to find enclosed*
J'espère vous lire. *I hope to hear from you.*
J'attends impatiemment/avec impatience … *I look forward to …*
par retour du courrier *by return of post*

Note the vocabulary relevant to making reservations:
la pension complète *full board*
(verser) des arrhes *(to pay a) deposit*
des tarifs réduits *reduced prices*
séjourner/descendre dans un hôtel *to stay in a hotel*
des installations *facilities (not* facilités)

key point

You can't use the word **'agréer'** from the sign-off and to say that you 'agree' with someone. 'Agréer' is only used in letters to mean acceptance (NB: I agree with you – *je suis d'accord avec vous*).

Translation

Sir,

I am writing to you on behalf of my family and myself. We are an Irish family and we intend to spend our summer holidays in France. We intend to travel along the west coast and we were thinking of staying in your hotel. One of my colleagues recommended your hotel.

There are five of us: my parents, my two sisters and I. We hope to arrive on 10th June, and we intend to stay until the 17th. We'd like to book full board with one double room, a twin room and a single room, all three with shower.

We would be very obliged if you would be so kind as to send us a list of things to do and see in the area around Les Sables-d'Olonne.

Are there any historical sites and beautiful areas of countryside? What kind of entertainment is there in your hotel? What facilities are there for the young? Is there a swimming pool? What does one do for fun in the evenings? Are there price reductions for children?

Please find enclosed a deposit of 50 euros for the booking. I hope to hear from you by return of post. I look forward to meeting you in June.

Yours faithfully,

Formal letter sample answers

Demande d'emploi *(Job application)*

You are applying for a job as an assistant in a bookshop in Besançon. You include the following details:

- you wish to gain experience of working abroad and to improve your French language skills
- tell the manager that you have computer and word-processing skills
- you already have experience of this type of work
- tell the manager when you would be available for work
- ask him/her for details of the salary and hours of work
- ask whether they can cover the costs of moving to France.

Fill in the gaps

Wexford, le 9 mai 2011

Madame la Directrice,

(i) ... à votre annonce parue dans *Le Monde* du 8 courant, J'ai l'honneur (ii) ... poser ma candidature au poste de vendeur dans votre maison de la presse à Besançon.

Je me présente. Je m'appelle Paul O'Neill et j'ai dix-huit ans.

Le poste (iii) ... retenu mon attention parce que, (iv) ... longtemps, je compte travailler à l'étranger pour acquérir de l'expérience de (v) ... genre de travail et pour perfectionner ma connaissance du français. J'ai travaillé (vi) ... vendeur pendant six mois. Je sais utiliser un ordinateur et le traitement de texte.

Si vous voulez me convoquer pour un entretien, je me rendrai en France. Je (vii) ... disponible pour travailler à partir de la fin juin.

Je vous serais très (viii) ... de bien vouloir me donner quelques renseignements sur l'emploi. Quel sera mon salaire ? Est-ce que votre société (ix) ... me rembourser les frais (x) ... déménagement ?

Finalement, je joins ici mes lettres de recommandation. Veuillez m'(xi) ... un dossier de candidature.

Je vous prie d'agréer, Madame, l'expression de mes sentiments distingués.

Answers

(i) Suite
(ii) de
(iii) a
(iv) depuis
(v) ce
(vi) comme

(vii) serai
(viii) reconnaissant
(ix) va
(x) du
(xi) envoyer

Translation

Madame Director,

In response to your advertisement, which appeared in Le Monde on the 8th of this month, I wish to apply for the position of sales assistant in your bookshop in Besançon.

I will introduce myself. My name is Paul O'Neill and I am 18 years old.

Your advertisement attracted my attention, because for a long time I have been intending to work abroad to gain experience of this type of job and to perfect my knowledge of French. I worked as a sales assistant for six months. I know how to use a computer and a word-processor.

If you wish to call me for an interview, I will travel to France. I will be available to work from the end of June.

I would be very obliged if you would give me some information about the job. What will my salary be? Will your company reimburse me for the costs of moving?

Finally, I enclose my references. Please send me an application form.

Yours faithfully,

Un client mécontent *(A Dissatisfied customer)*

You write to a camera shop in France where you bought a camera. The camera is not working, so you complain. In your letter, tell them that:

- you are most displeased with such an expensive camera
- the problem arises when you want to develop the film
- you are sending back the camera either for repair or for compensation.

key point

The useful phrases for this type of letter are to be found in the vocabulary box on page 109.

Fill in the gaps

Appartement 323,
Avenue Molière,
Avignon

Appareils-Photo deBrie,
7, place de la Mer,
Clermont

Avignon, le 12 mai 2012

Monsieur,

Je suis au regret de vous informer que l'appareil-photo haut de gamme (i) ... j'ai acheté chez vous (ii) ... mai pour mon séjour (iii) ... Suisse, ne (iv) ... pas. Cela m'a coûté cher. Nous n'avons pas remarqué le problème avant d'avoir fait développer le film.

La moitié du bas de chaque photo est noircie. Cela m'a beaucoup déçu. On n'a plus de souvenirs de (v) ... séjour dans un si beau pays.

Je veux me plaindre auprès de la direction de votre entreprise. Je (vi) ... renvoie mon appareil. Ou bien vous le réparez ou bien vous me dédommagez de la perte des images.

Dans l'attente de vous lire, veuillez agréer, monsieur, mes meilleurs sentiments.

Vocabulary

Je suis au regret de vous informer ...	*I regret to inform you ...*
haut de gamme *top of the range*	
marcher *to work*	Cela m'a beaucoup déçu. *I was hugely disappointed.*
Je veux me plaindre ... *I wish to complain ...*	
auprès de la direction *to the management*	
Ou bien vous le réparez ou bien vous ... *Either you repair it or you ...*	
dédommager de la perte *to compensate for the loss*	

Answers

(i) que
(ii) en
(iii) en

(iv) marche
(v) notre
(vi) vous

Translation

Sir,

I regret to inform you that the top-of-the-range camera that I bought at your premises in May for my stay in Switzerland does not work. It cost me a lot of money. We did not notice the problem until we had the film developed.

The lower half of each photo is blackened. It greatly disappointed me. We no longer have the memories of our holiday in such a lovely country.

I wish to complain to the management of your company. I am sending you back my camera. Either you repair it or you compensate me for the loss of the pictures.

I look forward to your reply.

Yours faithfully,

Now translate the following letters.

Une lettre de réclamation (A letter of complaint)

Patrick Walsh   Syndicat de Saint-Cyr
Teeling St   Rue des Peupliers
Ballina   Saint-Cyr
Co. Mayo
Irlande   Ballina, le 14 août 2011

Messieurs,

J'ai le regret de me plaindre de votre société. Il s'agit du séjour que nous avons passé au camping municipal à Saint-Cyr. Ma famille et moi avions l'intention d'y rester pendant une semaine.

Le camping n'a pas répondu à mes espérances pour les raisons suivantes :

(1) Notre emplacement, que j'avais déjà réservé en mars, se trouvait trop près des poubelles et le camping était sale.
(2) La brochure disait que le camping était situé à 1 km de la mer. En fait, il se trouve à 5 km du littoral.
(3) Il y avait trop de bruit tous les soirs.
(4) Quand je me suis adressé au gérant, il n'a pas été très poli.
(5) La salle de jeux a été fermée pendant trois jours sans explication.

Notre séjour a été gâché. Je vous serais reconnaissant de bien vouloir me dédommager de notre insatisfaction.

Je vous prie d'agréer, Messieurs, l'expression de mes sentiments distingués.

Vocabulary

J'ai le regret de me plaindre de ...   *I regret to have to complain about ...*
Il s'agit de ...   *It's about/it concerns ...*
n'a pas répondu à mes espérances pour les raisons suivantes   *did not live up to my
    expectations for the following reasons*
Je me suis adressé au gérant.   *I approached the management.*
Je vous serais reconnaissant de bien vouloir me dédommager de notre insatisfaction.
    I would be obliged if you would be so kind as to compensate us for our dissatisfaction.

Translation

Sirs,

*I regret to have to complain about your company. It concerns our holiday, which we spent at
the public campsite in Saint-Cyr. My family and I had intended to stay there for a week.*

The campsite did not live up to my expectations for the following reasons:

*(1) Our site, which I had booked in March, was situated too near the dustbins and the
campsite was dirty.*
*(2) The brochure said that the campsite was located 1 km from the sea. In fact, it was
5 km from the shore.*
(3) There was too much noise every night.
(4) When I approached the management, they weren't very polite.
(5) The games room was closed for three days without explanation.

*Our holiday was spoiled. I would be obliged if you would be so kind as to compensate us for
our dissatisfaction.*

Yours faithfully,

Renting a house (*une location*) in Les Sables-d'Olonne

Dear Madame Picard,

Lately I've been looking for a small summer house in a quiet resort in the west of France.

I wrote to the local 'syndicat d'initiative' for information. I received a letter today in which they gave me your name. The 'syndicat' tells me that you have a house for rent in August. Is that true? If the house is available, I would like to rent it for two weeks in August.

I would be delighted if you could give me the following information:

  (i) How much is the rent per week?
 (ii) How far is it from the nearest town?
(iii) Is the house far from the beach?
(iv) How many rooms does the house have?
 (v) What is there to do in the area?

I look forward to hearing from you concerning this matter.
Yours faithfully,

Vocabulary

une station (estivale) *resort (summer)*	à louer *for rent*
Combien y a-t-il jusqu'à … ? *How far is it to …?*	

Translation

Madame,

Je cherche depuis peu de temps un petit gîte dans une station tranquille dans l'ouest de la France.

J'ai écrit au syndicat d'initiative local pour des informations. J'ai reçu une lettre aujourd'hui dans laquelle on m'a donné votre nom. Le syndicat me dit que vous avez une maison à louer en août. Est-ce vrai ? Si la maison est disponible, je voudrais la louer pour deux semaines en août.

Je vous serais reconnaissant de bien vouloir m'envoyer les renseignements suivants :

  (i) Quel est le montant du loyer par semaine ?
 (ii) C'est à quelle distance de la ville la plus proche ?
(iii) Est-ce que la maison est loin de la plage ?
(iv) Combien de pièces y a-t-il ?
 (v) Qu'est-ce qu'il y a à faire dans la région ?

J'attends votre réponse à ce sujet avec impatience.

Je vous prie d'agréer, Madame, l'expression de mes sentiments distingués.

- To prepare for Questions 3 and 4 of the Written Expression section of the exam by understanding what each of the different writing tasks entails.
- To learn the important phrases you will need.
- To practise writing clear, correct French.

The 'reaction question', as it could be called, refers to a newspaper article, cartoon or photograph that deals with a serious topic relevant to today's world.

You are asked to give your reaction to the article or picture in 75 words. You cannot waffle with this one! It's just too short. There are a few pointers you can use to tackle this question.

- **Understand the headline**, which tells you what the topic is about. You can then anticipate what kind of text will follow.
- **Read the column/article at least twice** – the first time quite quickly to get an idea of what is happening in the text, the second time more slowly.
- **Underline key words** that help to assess the theme.

You can now write your **opening sentence**, which gives you the confidence to get moving. It wastes time when you get stuck on your first line.

The following are useful opening lines for this purpose:
Dans cette rubrique ...   *In this column ...*
Ce qui nous préoccupe, c'est ...   *What we're dealing with here is ...*
Cet article se rapporte à ...   *This article refers to ...*
Il s'agit de ...   *It's about ...*

Now give your **view**. If you're unsure as to how to express a point of view, rephrase it in a different way in English. Avoid a direct translation.

Lastly, draw a **conclusion**:
Tout compte fait ...   *All things considered ...*
pour conclure ...   *To conclude ...*

Example

A graph illustrating the extent and spread of world debt appeared in a previous Leaving Certificate Written section. Students were asked to write their reaction to it. The typical phrases and vocabulary are highlighted in the passage below.

● First, have a few **openers** ready, as mentioned above.

> **La dette mondiale**
> Ce graphique se rapporte à la dette des pays sous-développés. Il s'agit ici du tiers-monde et de son rapport avec les pays riches occidentaux.

Vocabulary

se rapporte à	*refers to*
le tiers-monde	*the Third World*
Il s'agit de ...	*It has to do with .../It concerns ...*
occidentaux	*Western*

> 'Il s'agit de' is an impersonal expression insofar as 'il' does not refer to a person, the passage or any specific subject. So, begin your sentence: 'Dans ce passage, il s'agit de ...' or 'il s'agit ici de ...'.

● Next, **give your own view.**

> Ceux-ci prêtent d'énormes sommes d'argent aux pays défavorisés. Le graphique montre que ces pays pauvres ont la plupart des dettes du monde, et ils doivent rembourser ces dettes avec intérêt, ce qui les rend plus pauvres. Les pays pauvres ne peuvent pas se développer à cause du fardeau de la dette.

Vocabulary

Ceux-ci prêtent ...	*These (ones) lend ...*	ils doivent rembourser	*they have to pay back*
défavorisé	*destitute/deprived*	rend	*makes (used with an adjective)*
montre que	*shows that*	le fardeau	*the burden*

> Nous pouvons aider ces pays à devenir moins pauvres. Comment ? Il faut annuler leurs dettes aux pays de l'ouest. Je suis ravi de voir quelques vedettes de musique et du cinéma qui sont en train de persuader les gouvernements de réduire ou d'annuler les dettes.

Vocabulary

Il faut annuler ...	*We have to cancel ...*	en train de *in the process of (doing something)*

● Lastly, **conclude.** Asking a few questions isn't a bad way to sum up.

> Pour conclure/Tout compte fait, c'est la seule façon de diminuer le fardeau. Est-ce qu'il y a la volonté d'aider les pauvres ? Je doute qu'il en soit ainsi.

> Verbs that take infinitives (vouloir, pouvoir, aller, devoir) are essential for expressing a viewpoint.

Vocabulary

Pour conclure/Tout compte fait ...	*To conclude/All things considered ...*	
diminuer	*to reduce*	la volonté *the willpower*
Je doute qu'il en soit ainsi.	*I doubt that this is so.*	

(environ 150 mots)

Translation

World debt

This graph refers to the debt of the under-developed countries. It concerns the Third World and its relationship with the rich Western countries.

These lend huge sums of money to the deprived countries. The graph shows that these countries have the majority of the world's debts, and they have to repay these debts with interest, which makes them poorer. The poor countries can't grow because of the burden of the debt.

We can help these countries to become less poor. How? We have to cancel their debts to the Western countries. I'm delighted to see a few stars of music and cinema in the process of persuading the governments to reduce or cancel the debts.

To conclude/All things considered, it's the only way to reduce the burden. Is there the will to help the poor? I doubt that there is.

Useful phrases

Je tombe d'accord avec Jeanne.   *I agree with Jeanne.*

J'adhère totalement au point de vue de Monsieur ...   *I completely agree with M. ...*

Je trouve/crois qu'ils ont raison.   *I think that they are right.*

Je ne suis pas d'accord avec ...   *I don't agree with ...*

Je ne supporte pas un tel manque de respect.   *I cannot tolerate such a lack of respect.*

Je ne comprends pas comment on peut faire cela.   *I cannot understand how people can
    do that.*

Je m'oppose au tabagisme.   *I'm against smoking.*

On devrait ...   *We/people should ...*

Il est indispensable de ...   *It is essential to ...*

On n'a pas le droit de ...   *Nobody has a right to ...*

On ne devrait pas hurler.   *You/people shouldn't shout.*

Nous ne pouvons/devons pas tolérer un tel crime.   *We can't/mustn't tolerate such a
    crime.*

Cela nécessite beaucoup d'argent.   *That entails/involves a lot of money.*

Je trouve qu'ils ont tort.   *I find/think that they're wrong.*

Selon une enquête effectuée par des chercheurs ...   *According to a survey carried out by
    researchers ...*

Sample exam questions

Leaving Cert 2009
Question 3 (a)

Le sondage sur le sport
Que représente le sport pour vous?

Sample answer

Selon ce sondage récemment effectué, il est évident que la plupart des gens aiment faire du sport. C'est la même chose pour moi.

Pour ma part, je m'intéresse beaucoup au sport. Je regarde les matches de foot et les courses de cheval à la télé. Je trouve ça un bon moyen de me détendre après avoir étudié pendant quelques heures.

À l'école, le sport n'est pas une matière. Faire du sport est facultatif, mais je crois qu'on devrait prendre part à un sport. Ça sert à se faire des amis, à développer son caractère, à faire partie d'un groupe. Il faut apprendre à s'entendre avec d'autres.

La raison pour laquelle je fais du sport est pour me tenir en forme. Cela m'aide aussi à me concentrer sur mes études. Je me fatigue moins en conséquence.

Je trouve le sport très passionnant. J'attends avec impatience le samedi parce que je joue des matches contre d'autres écoles. J'ai hâte de voir les émissions sportives à la télé en semaine.

N'oubliez pas que, après la retraite à l'avenir, on pourra toujours faire du sport, tel que les boules et le golf. Le sport est pour tous les âges.

(195 mots)

Vocabulary

Selon ce sondage récemment effectué …	*According to this recently carried out poll …*
Je trouve ça un bon moyen de me détendre.	*I find it a good way of relaxing.*
facultatif	*optional (adj)*
On devrait prendre part à …	*You should take part in …*
Il faut apprendre à … *You have to learn to …*	pour laquelle *why (for which)*
J'ai hâte de voir … *I can't wait to see …*	tel que *such as*

Translation

Survey on sport

According to this recently carried out survey, it's obvious that most people like doing sport. It's the same thing for me.

As for me, I am very interested in sport. I watch football matches and horse racing on television. I find it a good way of relaxing after studying for a few hours.

In school, sport is not a subject. Doing sport is optional, but I believe that you should take part in a sport. It's useful for making friends, for developing your personality, for being a part of a group. You have to learn to get on with other people.

The reason why (for which) I do sport is to keep me fit. It helps me to concentrate on my studies. I get less tired as a result.

I find sport very exciting. I look forward to Saturday because I play matches against other schools. I can't wait to see the sports programmes on the television during the week.

Don't forget that, after retirement in the future, you'll be able to play sports, such as bowls and golf. Sport is for all ages.

Leaving Cert 2005
Question 3 (a)

Donnez vos réactions à cette opinion de psychologue.

« Être paresseux est un signe d'intelligence »

Sample answer

Je ne partage pas l'opinion de ce psychologue. En fait, je crois qu'il est un peu fou ! J'admets que quelquefois, je suis un peu paresseux, mais je ne pense pas que ce soit une bonne chose. J'aime bien me défouler quand je suis stressé, et ne rien faire pendant toute une journée, mais pas trop fréquemment !

C'est essentiel pour notre développement de faire du sport ou un autre passe-temps. Le sport ne m'intéresse pas du tout, mais je danse et j'aime aussi faire des promenades avec mon chien.

À mon avis, le psychologue a tort. Je ne sais pas comment il croit qu'être paresseux est un signe d'intelligence. C'est idiot !

(112 mots)

Vocabulary

Je ne partage pas l'opinion de ce psychologue.	*I don't share this psychologist's opinion.*
Je ne pense pas que ce soit une bonne chose.	*I don't think it's a good thing.*
C'est essentiel … *It's vital …*	ne m'intéresse pas du tout *doesn't interest me at all*
avoir tort *to be wrong*	

Translation

'Being lazy is a sign of intelligence'

I don't share this psychologist's opinion. In fact, I think he's a bit mad! I admit that sometimes I'm a bit lazy, but I don't think that it's a good thing. I like to unwind when I'm stressed out, and do nothing for a whole day, but not too often.

It's vital for our development to do sport or another pastime. Sport doesn't interest me at all, but I dance and I also like to go for walks with my dog.

In my opinion, the psychologist is wrong. I don't know how he thinks that being lazy is a sign of intelligence. It's stupid!

Leaving Cert 2006
Question 3 (b)

Les vacances pendant les années cinquante

Sample answer

Il est vrai sans doute que les vacances sont très différentes cinquante ans plus tard. De nos jours, beaucoup de gens vont à l'étranger pour leurs vacances. Il y a cinquante ans, les vacances étaient plus fondamentales. On allait à la mer pendant plusieurs jours quand il **faisait** chaud.

> Note the use of the imperfect tense to say what <u>used to happen</u>.

Actuellement, les gens, surtout les jeunes, ne sont plus contents de rester au bord de la mer en Irlande. Ils préfèrent les plages dans d'autres pays. Les vacances ont changé parce qu'on a plus d'argent. **Si** on **n'avait** pas d'argent, on **serait** ravi de séjourner dans le Cork.

> Also note the 'si'(*if*) sentence: 'Si' + imperfect + conditional.

> 'Il faut admettre que' (*it must be admitted that*), i.e. 'It must be said that'.

Il faut admettre que le monde a changé. C'est très facile de partir en vacances à l'étranger. Voyager en avion est moins cher. En **y** arrivant, les familles restent

> 'y' (*there*): pronoun for 'à l'étranger'. Use pronouns!

> 'en arrivant' (*on arriving*): present participle

dans des hôtels ; ils mangent aux restaurants chaque soir. **Il y a ceux qui** achètent même des gîtes en Espagne et au Portugal.

> Use 'Il y a ceux qui' for 'some people' at the start of a sentence. Using two pronouns and an expression is better than just 'des gens', which is not as good at the beginning of a sentence.

(environ 150 mots)

Translation

Holidays in the fifties

Without doubt, it is true that holidays are very different 50 years on. Nowadays, a lot of people go abroad for their holidays. Fifty years ago, holidays were more basic. People used to go to the beach for a few days when the weather was fine.

Currently, people, especially the young, are no longer happy to stay at the seaside in Ireland. They prefer the beaches in other countries. Holidays have changed because people have more money. If they didn't have any money, they would be delighted to holiday in Cork.

It must be said that the world has changed. It's very easy to go on holiday abroad. Travelling by plane is less expensive. On arriving, people stay in hotels; they eat out every night. Some (There are those who) even buy holiday homes in Spain and Portugal

.

Leaving Cert 2005

Question 4 (a)

On dit que nos villes irlandaises sont devenues plus agréables, plus belles, plus propres aussi ces dernières années. Qu'en pensez-vous ?

Sample answer

Je ne suis pas d'accord avec cela. À mon avis, il y a beaucoup de problèmes sociaux dans nos villes irlandaises : les embouteillages, les SDF (sans domicile fixe), la toxicomanie et ainsi de suite.

Je crois qu'il existe un problème grave de la violence. Il y a eu une forte augmentation du nombre de crimes commis par les jeunes. L'alcool provoque la violence. Quand les jeunes sont ivres, ils commencent des disputes avec n'importe qui. Ils se bagarrent dans les rues. Il est temps que nous fassions face à la réalité violente de nos villes.

De plus, je trouve que les sans-abri sont un problème aussi. Il y a ceux qui doivent dormir sur les trottoirs et ils n'ont qu'une couverture. Il faut qu'ils mendient de la nourriture chaque jour. C'est triste.

N'oublions pas les rues sales avec les détritus, les vieux papiers et les cannettes jetés par terre.

Pour conclure, pour ma part, nos villes irlandaises ne sont pas devenues plus agréables, plus belles ou plus propres ces dernières années. Nous devrions avoir honte de notre pays.

(179 mots)

Vocabulary

problèmes sociaux *social problems*	Il est temps que … *It is time that …*
et ainsi de suite *and so on*	il faut qu'ils mendient *they have to beg*
Il y a eu … *There has been …*	devenir *to become*
provoquer *to cause*	Nous devrions avoir honte de … *We should*
n'importe qui *anyone*	*be ashamed of …*

Translation

I don't agree with that. In my opinion, there are a lot of social problems in our Irish towns: traffic jams, the homeless, drug addiction and so on.

I believe that there is a serious problem of violence. There has been a large increase in the number of crimes committed by young people. Alcohol causes violence. When young people are drunk, they start arguments with anyone. They fight in the streets. It is time that we face up to the violent reality of our towns.

In addition, I find that the homeless are also a problem. There are those who have to sleep on the pavements and they have only one blanket. They have to beg for food every day. It's sad.

Let's not forget the dirty streets with litter, old papers and cans thrown on the ground. To conclude, in my view, our Irish towns have not become more pleasant, lovelier or cleaner these last few years. We should be ashamed of our country.

Leaving Cert 2009
Question 4 (b)

Ma vie dans dix ans – en 2019

Sample answer

Certes, ma vie dans dix ans, c'est-à-dire, en 2019, sera différente. Pour commencer, j'aurai vingt-huit ans, je serai peut-être marié avec une famille.

Je serai parti de l'école. J'espère avoir un diplôme et un poste bien rémunéré. Je voudrais devenir prof de musique. Ça m'attire tellement et je pense qu'il y aura beaucoup de débouchés.

Grâce à cette crise économique, on s'intéressera moins à la consommation et on rejettera le matérialisme. Donc, je vais posséder des conforts fondamentaux tels que les suivants : une petite maison jumelée, une petite voiture électrique qui ne roulera pas trop vite, une machine à laver et un téléviseur de moyenne gamme.

Je conduirai une auto électrique pour protéger l'environnement. L'essence coûtera cher et elle polluera l'air. Je ne sais pas comment sera ma vie. Qui sait ?

(132 mots)

Vocabulary

J'espère avoir …	*I hope to get …*	On s'intéressera moins à …	*People will be less interested in …*
Je voudrais devenir …	*I'd like to become …*		
Ça m'attire.	*It appeals to me.*	Je ne sais pas comment sera …	*I don't know what … will be like.*
Il y aura beaucoup de débouchés.	*There will be a lot of openings.*		

Translation

My life ten years from now – in 2019

Certainly, my life in 10 years' time, that is to say, in 2019, will be different. To begin with, I'll be 28 years old, perhaps married with a family.

I will have left school. I hope to get a degree and a well-paid job. I'd like to become a music teacher. It appeals to me so much and I think that there will be a lot of openings.

Thanks to the economic crisis, people will be less interested in consumerism and they will reject materialism. So I'm going to have some basic comforts such as the following: a small semi-detached house, a little electric car which won't go too fast, a washing machine and a middle-of-the-range television.

I'll drive an electric car to protect the environment. Petrol will be dear and it will pollute the air. I don't know what my life will be like. Who knows?

Leaving Cert 2005
Question 4 (b)

Donnez vos réactions à une illustration (les jeux vidéo).

L'empire des jeux

Sample answer

Il faut admettre que les jeux vidéo captivent les jeunes partout dans le monde.

En premier lieu, de nos jours, les jeunes ont une fixation sur les jeux. Apparemment, pour eux, l'ordinateur est la seule chose importante dans la vie. Qu'on le veuille ou non, les conséquences de ce genre de technologie sont inquiétantes.

Deuxièmement, les jeux vidéo ont une influence sur la façon dont cette nouvelle génération voit le monde. Les ados passent de plus en plus de temps à regard**er** le petit écran au lieu de **faire** du sport et de se **tenir** en bonne forme.

Il y a ceux qui ont mal au dos en conséquence. Leur santé est en jeu. Les parents doivent être responsables aussi. Il y a un manque de surveillance en ce qui concerne les enfants et ces jeux stimulants.

Finalement, malgré tout, les jeux vidéo sont plus populaires que jamais. Il faut que les parents fassent quelque chose pour améliorer la situation. Ils doivent protéger la santé de leurs enfants. Il est essentiel de promouvoir l'importance de s'amuser sans ordinateurs.

(178 mots)

Vocabulary

partout dans le monde *all over the world*	la façon dont *the way in which*
avoir une fixation sur les jeux *to be fixated on the games*	en jeu *at stake*
	En ce qui concerne ... *As far as ... are concerned ...*
Qu'on le veuille ou non ... *Whether we like it or not ...*	améliorer *to improve*
inquiétant *worrying*	

Translation

Obsessed with games

I must admit that video games captivate young people all over the world.

In the first place, nowadays, young people are fixated on the games. Apparently, for them, the computer is the only important thing in life. Whether we like it or not, the consequences of this type of technology are worrying.

Secondly, video games have an influence on the way in which this new generation sees the world. Teens spend more and more time watching the small screen instead of playing sport or keeping fit.

There are those who have back problems as a result. Their health is at stake. Parents must be responsible also. There is a lack of supervision as far as children and these stimulating games are concerned.

Finally, in spite of everything, video games are more popular than ever. Parents have to do something to improve the situation. They must protect their children's health. It is vital to promote the importance of enjoying yourself without computers.

key point

Note that for the English words ending in '-ing', French uses infinitives 'regarder, faire, tenir' after the prepositions 'à' and 'de'.

Leaving Cert 2007
Question 3 (a)

La mode et les marques – une religion chez les 15–25 ans ?

Sample answer

La mode est vraiment une religion chez ces jeunes. À mon avis, ce n'est pas une bonne chose. Il y a des jeunes qui ont beaucoup d'argent et ils peuvent acheter tous les vêtements de marques qu'ils désirent. Rien n'est plus important.

En revanche, il y a ceux qui n'ont pas beaucoup d'argent. Ils sont sous pression à cause de cela. Ils voudraient être comme les autres jeunes aisés, mais c'est vraiment difficile. Il s'agit des filles pour la plupart. Elles font des économies. Elles ne pensent qu'aux fringues.

Les jeunes filles ne peuvent pas se passer des marques. Les jeunes sont trop préoccupés par leur look. Ils veulent être minces pour ressembler aux mannequins célèbres. Comme résultat, ils mangent moins ; ils jeûnent. Le nombre de jeunes qui meurent à cause de cette folie augmente.

(139 mots)

Vocabulary

Rien n'est plus important / Il n'y a rien de plus important. *Nothing is more important.*	se passer des marques *to do without brand names*
aisé *well off*	préoccupé par *concerned with*
ne penser qu'aux fringues *to only think about clothes*	leur look *their appearance*
	jeûner *to fast*

Translation

Fashion and brands – a religion for 15–25 year-olds?

Fashion is really a religion with the young. In my opinion, it's not a good thing. There are young people who have a lot of money and they can buy all the brand named clothes they want. Nothing is more important.

On the other hand, there are those who don't have a lot of money. They are under pressure because of that. They might wish to be like the other well-off young people, but it's awfully hard. It affects girls for the most part. They save. They think only about clothes.

The young can't do without brand names. They are too concerned with their appearance. They want to be thin in order to look like famous models. As a result, they eat less; they fast. The number of young people who die because of this nonsense is increasing.

7 Grammar Revision

aims

- To revise your basic knowledge of adjectives and adverbs and how to make them agree.
- To know the different verb tenses and endings.
- To have a good knowledge of nouns, pronouns and prepositions.
- To practise what you have learnt through a variety of revision exercises.

Terminology

There is always a grammar question in each of the comprehensions. You are usually asked to give an example of a verb, pronoun or adjective. It's important to know some terms for them.

Nouns, adjectives and pronouns

- Le nom, le substantif (noun; thing, place or person):
  Le stylo, la fille, la voiture.

- L'adjectif (adjective – word which describes a noun):
  Le ciel bleu, la ville surpeuplée, une rue étroite.

- L'adjectif possessif (possessive adjective – 'my, your', etc.):
  Mon frère, tes livres.

- L'adjectif interrogatif (interrogative adjective):
  Quels romans lisez-vous ? *What books do you read?*

- Le pronom personnel (personal pronoun):
  Il parle allemand. *He speaks German.*

- Le pronom interrogatif (interrogative pronoun):
  Qui a téléphoné ? *Who phoned?*

- Le pronom relatif (relative pronoun, e.g. 'that, which'):
  Où est la valise que j'ai laissée ici ? *Where is the suitcase that I left here?*

- Le pronom réfléchi (reflexive pronoun, e.g. 'herself', when action is done to oneself):
  Elle se dépêche, je me lave, nous nous amusons.

- Le pronom démonstratif (demonstrative pronoun – made up of the demonstrative adjective 'ce' + a noun):
  Celle que vous voyez. *The one which you see.*
  Ceux qui me connaissent. *Those who know me.*

Verbs

- **L'infinitif** (infinitive – the name/title of the verb or the verb as you find it in the dictionary): aller, donner, recevoir, écrire, trouver, etc.

- **Le verbe impersonnel** (impersonal verb – a verb which has no person such as 'I, you, we', etc. There is only 'it' – *il*):
  Il pleut.   *It's raining.*
  Il faut que …   *It's necessary that …*
  Il est temps que …   *It's time that …*
  Il s'agit de … *It is a matter of … / It relates to …*

- **Le verbe pronominal** (reflexive verb – the action **reflects back** on the subject, i.e. the action of the verb is done to the subject):
  La voiture s'arrête.   *The car stops (stops itself).*
  Je me dépêche.   *I hurry (hurry myself).*

Tenses

- **L'indicatif présent** (present tense – 'I do, am doing'):
  J'attends.   *I'm waiting.*
  Elle va.   *She's going.*

- **Le futur simple** (future tense – 'will'):
  On sera à temps.   *We'll be on time.*
  Ils iront en ville.   *They will go into town.*

- **Le conditionnel** (conditional – 'would'):
  Que voudriez-vous ?   *What would you like?*
  Je voudrais un café.   *I'd like a coffee.*
  Ça serait mieux.   *That would be better.*

- **Le passé composé** (perfect tense – 'have done'):
  Tu as écrit.   *You have written.*
  Elles sont arrivées.   *They have arrived.*

- **L'imparfait** (imperfect tense – 'was, were doing/used to do'):
  Quand j'étais jeune.   *When I was young.*
  Ils écoutaient la radio.   *They were listening to the radio.*

- **L'impératif** (imperative – giving orders):
  Ouvrez vos cahiers !   *Open your copies!*
  Attends un instant !   *Wait a moment!*
  Allons !   *Let's go!*

- **Le passé simple** (simple past tense – 'I did, he saw, we went, they said'):
  Je fus.   *I was.*
  Il vint.   *He came.*

- **Le plus-que-parfait** (pluperfect – 'had done'):
  On **avait écrit** la lettre. *We had written the letter.*
  J'**étais allé** chez moi. *I had gone home.*

- **Le subjonctif** (subjunctive – in English 'that I may/might'):
  Il faut que nous **partions**. *We have to leave (it is necessary that we leave).*
  Quoiqu'il **soit** malade, il travaille toujours. *Though he is sick, he's still working.*

- **Le subjonctif passé** (perfect subjunctive):
  Je doute qu'il **ait menti**. *I doubt that he has lied.*
  Jusqu'à ce que nous **soyons arrivés**. *Until we have arrived.*

- **Le participe présent** (present participle; not a main verb – 'doing, going, listening, having, being'):
  En **lisant** mon livre, je prenais des notes. *While reading my book, I was taking some notes.*

- **Le participe passé** (past participle; not a main verb – 'done, gone, had, been, chosen'):
  surprotégé par les animaux *overprotected by the animals*
  épuisé par le travail *exhausted by the work*

- **La voix passive/le passif** (the passive voice; the subject is passive, i.e. the action is done to it):
  Il **est aimé**. *He is liked.*
  La lettre **est écrite**. *The letter is written.*
  La tente **a été dressée**. *The tent was put up (pitched).*

Miscellaneous

- **L'article partitif** (partitive article – 'any, some'):
  Avez-vous **de la** monnaie? *Have you any change?*
  Je vais boire **du** lait. *I'm going to drink some milk.*

- **L'adverbe** (adverb – a word that describes a verb):
  Il court **lentement**. *He runs slowly.*
  Tout d'un coup, il y a eu un bruit. *Suddenly, there was a noise.*
  J'ai **bien** dormi. *I slept well.*

La grammaire

'On'

This is a useful and popular word. It represents 'one, we, you, they' and 'people'. One advantage of it is that it avoids having to use different parts of the verb, such as 'nous, vous, ils', etc.

You only use the **third person singular**. 'On' is widely exploited by the French. In the UK and Ireland, it is considered pretentious to say, '**One** shouldn't be without a credit card,' but in French, it's quite normal to say 'on' for 'one'. Look at these examples:

– Que fait-on à l'école ? *What do you do in school?*
– On parle anglais ici. *They speak English here.*
– On dit qu'il a raison. *People say that he is right.*
– Alors, on a gagné le match ? *Well, did you win the match?*
– Non, on a perdu ! *No, we lost!*

- **Note:** 'On' is a subject. It does the action of the verb:

  On a ouvert toutes les fenêtres. *All the windows have been opened.*

  On a arrêté le voleur. *The thief was arrested.*

  We don't know who opened the windows or who arrested the thief. The **real** subject is **not** mentioned, hence the use of 'on'.

- The possessive equivalent of 'on' is 'son':

  On perd son temps. *They/We are wasting their/our time.*

- The reflexive of 'on' is 'se':

  En Allemagne on se lève très tôt. *In Germany, people get up very early.*

'Mieux' and 'meilleur(e)'

The difference between these two words (both meaning 'better') is:

- **'Mieux'** is an **adverb**, which describes a verb.

  J'étais malade, mais maintenant je vais **mieux**.

  ('vais' is a verb; 'mieux' describes how 'I am feeling')

- **'Meilleur'** is an **adjective**, which describes a noun.

  Everton est une bonne équipe, mais Liverpool est une **meilleure** équipe. ('meilleure' describes the noun, which is the Liverpool team)

  'Meilleur' is an adjective; it agrees with the noun 'équipe'. 'Mieux' is an adverb, and so never agrees.

Before doing the following exercise, it is worth revising '**bon/bien**'.

- **'Bon'** is an adjective, which agrees with the noun. It means 'good':

C'est une **bonne** idée. *It's a good idea.*

J'ai beaucoup de **bons** amis. *I have a lot of good friends.*

● 'Bien' is an adverb, which describes a verb and never agrees with any word. It means 'well':

Elle a **bien** joué hier. *She played well yesterday.*

Vous travaillez très **bien**. *You are working very well.*

Exercise

Translate the words in brackets.

1. Je parle *(well)* italien mais je parle *(better)* allemand.
2. Louis est un *(good)* étudiant mais Frédéric travaille *(better)*.
3. Ma voiture roule *(better)* que les autres parce que c'est *(the best)*.
4. L'équipe d'Angleterre a de *(good)* footballeurs qui jouent *(well)*, mais les Allemands jouent *(the best)*.
5. Mon *(best)* ami habite près de chez moi.
6. Son idée est *(good)* mais j'aime *(better)* ton idée. Je crois que c'est la *(best)* idée.

Solutions

1. *bien ... mieux*
2. *bon ... mieux*
3. *mieux ... la meilleure*
4. *bons ... bien ... le mieux*
5. *meilleur*
6. *bonne ... mieux ... meilleure*

Le discours indirect

This is important for **note writing** in particular, but also for comprehension and opinion questions. It is used for **reporting** something that was said some time before. The same tense changes take place in both languages.

● The **present tense** becomes the **imperfect**:

(a) Direct: « Je **suis** fâchée », a-t-elle dit. *"I am angry,"* she said.

(b) Indirect: Elle a dit qu'elle **était** fâchée. *She said that she was angry.*

● The **passé composé** becomes the **pluperfect**:

(a) Direct: « Nous **avons lavé** la voiture », ont-ils dit. *"We washed the car,"* they said.

(b) Indirect: Ils ont dit qu'ils **avaient lavé** la voiture. *They said that they had washed the car.*

● The **future** becomes the **conditional**:

(a) Direct: « Je **rendrai** le livre demain », a-t-elle répondu. *"I will return the book tomorrow,"* she replied.

(b) Indirect: Elle a répondu qu'elle **rendrait** le livre demain. *She replied that she would return the book tomorrow.*

'Depuis', 'il y a' and 'voilà'

'Depuis' means 'for' or 'since'.

- 'Depuis' with the **present tense** signifies that the action took place in the **past** and is **still going on** in the **present**. It means that you <u>have been doing</u> something for a certain time:

  Je **lis** ce livre **depuis** la semaine dernière. *I have been reading this book since last week (and I am still reading it).*

- If, however, the action **had been going on** in the **past** and has **stopped**, you use the **imperfect**:

  Je **lisais** le livre **depuis** deux semaines et je l'ai rendu à la bibliothèque.
  I had been reading the book for two weeks and I gave it back to the library (the action of reading is over).

In the oral exam, the question that leads to this type of answer is usually:

Depuis quand … ? *How long have you been* …? (literally, '*Since when* …?')

Or:

Depuis combien de temps … ?' (literally, '*Since how much time* …?')

Depuis quand jouez-vous de la guitare ? *How long have you been playing the guitar?*

J'en joue depuis sept ans/depuis que j'ai sept ans. *I've been playing it for seven years/since I was seven.*

Note the inclusion of 'que' with 'depuis' when 'since' is followed by a verb.

Exercise

Translate the following sentences.

1. We had been talking for an hour when Thomas showed up.
2. How long has she been waiting here?
3. She's been waiting for two hours.
4. How long have you been living in Waterford?
5. I've been living here for ten years.
6. We've been living here since we were teenagers.

Solutions

1. *Nous parlions depuis une heure quand Thomas est apparu.*
2. *Depuis quand est-ce qu'elle attend ici ?*
3. *Elle attend depuis deux heures.*
4. *Depuis combien de temps habitez-vous à Waterford ?*
5. *J'habite ici depuis dix ans.*
6. *Nous habitons ici depuis que notre adolescence.*

Expressions of quantity (e.g. 'beaucoup de')

A frequent mistake made by even the best Leaving Certificate students relates to
expressions of quantity. These express an amount of something:

un kilo de   *a kilo of*
une livre de   *a pound of*
une boîte de   *a box of*
un paquet de   *a packet of*
une bouteille de   *a bottle of*
une boîte de   *a can of*
une tasse de   *a cup of*

un peu de   *a little*
beaucoup de   *a lot, much*
combien de ?   *how much?*
assez de   *enough*
trop de   *too much*
plus de   *more*

All expressions of quantity use **'de'**, regardless of
whether the nouns are masculine, feminine or plural!
This point is easily forgotten.

Exercise

Translate the following sentences.
1. When I'm thirsty, I drink water.
2. I'd like a pound of steak and some mince, please.
3. Would you like a cup of coffee? – Yes, thanks, and a spoonful (*cuillerée*) of sugar,
   please.
4. How many pupils are there in your school? – I don't know, but we have a lot of
   students here.
5. I need too many points to get into university.
6. I'm going to eat more vegetables in future. I'll eat peas, carrots, cabbage and
   broccoli.
7. There is too much traffic in my area and not enough buses.
8. Give me a little time and it will be ready.

Solutions

1. *Quand j'ai soif, je bois de l'eau.*
2. *Je voudrais une livre de steak et de la viande hachée, s'il vous plaît.*
3. *Voudriez-vous une tasse de café ? – Oui, merci, et une cuillerée de sucre, s'il vous plaît.*
4. *Combien d'étudiants y a-t-il dans votre école ? Je ne sais pas, mais nous avons beaucoup
   d'élèves ici.*
5. *J'ai besoin de trop de points pour entrer à la fac.*
6. *Je vais manger plus de légumes à l'avenir. Je mangerai des petits pois, des carottes, du
   chou et du broccoli.*
7. *Il y a trop de circulation dans mon quartier, et pas assez d'autobus.*
8. *Donnez-moi un peu de temps et il sera prêt.*

There are other times when 'de' alone is used:

- When the verb is **negative**:
  As-tu des frères, Anne ? – Non, je n'ai **pas de** frères.

- When, in the **plural**, the **adjective goes before the noun**:
  Paul a des idées. – Oui, il a **de bonnes** idées.

Exercise

Translate the following sentences.
1. Look, there are some old cars over there.
2. Have you any change? – No, I don't have any change.
3. I bought some new novels and some magazines at the bookshop.
4. I have no more time.

Solutions

1. *Regardez, il y a de vieilles voitures là-bas.*
2. *Avez-vous de la monnaie ? – Non, je n'ai pas de monnaie.*
3. *J'ai acheté de nouveaux romans et des revues à la librairie.*
4. *Je n'ai plus de temps.*

Le participe présent

In English, 'le participe présent' represents the '-ing' part of a verb.

You have experience of the past participle ('done, chosen, gone', etc.). The present participle is 'doing, choosing, going', etc.

key point

But participles do **not** by themselves **act as verbs**. Therefore, they cannot by themselves make sentences:

1. **She didn't go to school, having the flu.**
2. **Being well off, they went abroad on holiday.**
3. **Laughing out loud, he disturbed the silence.**
4. **Crying, she continued the story.**

> In each of these examples, the present participles ('having, being, laughing, crying') do not have 'is' or 'are', as in 'he is laughing, she is crying'. Therefore, they are not main verbs!

To find the present participle of a verb isn't difficult – there are only three irregular examples!

- Take the **first person plural** (present tense) of any verb, e.g. 'nous écoutons, nous disons, nous faisons, nous lisons'.

- Remove the 'nous' and the ending '-ons', then **add** the ending '-ant': écoutant (*listening*), disant (*saying*), faisant (*doing*), lisant (*reading*).

So the four sentences mentioned above are translated as follows:

1. **Ayant la grippe, elle n'est pas allée à l'école.**
2. **Étant aisés, ils sont partis en vacances à l'étranger.**
3. **Riant aux éclats, il a rompu le silence.**
4. **Pleurant, elle a continué l'histoire.**

> key point
>
> What are the three exceptions?
> - avoir: ayant (*having*)
> - être: étant (*being*)
> - savoir: sachant (*knowing*)

- Used with 'en' it means 'while, by doing something':

  J'ai perdu mes clés en jouant au foot.   *I lost my keys while playing soccer.*

  On réussit en travaillant dur.   *You succeed by working hard.*

  En rentrant, j'ai rencontré Gérard.   *On returning, I met Gérard.*

  J'ai appris à me concentrer en lisant.   *I learned to concentrate by reading.*

- Use the **infinitive**, not the present participle, with verbs of **seeing or hearing** (i.e. the senses) :

  Je les entends arriver.   *I hear them arriving.*

  Il nous a vus faire du jardinage.   *He saw us gardening.*

- 'Aimer' and 'préférer' take the infinitive **never** the present participle.

  J'aime pêcher (not: 'J'aime pêchant').   *I like fishing.*

  Je préfère marcher/me promener.   *I prefer walking.*

- After **prepositions**, use the **infinitive**:

  Sans dire un mot, elle est passée devant moi.   *Without saying a word, she walked past me.*

  Je passe mon temps libre à lire.   *I spend my free time reading.*

Exercise

Translate the following sentences.

1. They were talking about the party while playing chess.
2. I can't listen to the CD player (*le lecteur CD*) while I'm studying.
3. Do you hear Leona Lewis singing on the radio?
4. No, but I saw her performing at the O_2.
5. Knowing that drugs affect (*toucher/nuire à*) your brain, I refused them.
6. Word-processing (*le traitement de texte*) is a very good way of writing an essay.
7. Let's go to Mark's house instead of going to the party.

Solutions

1. *Ils parlaient de la fête en jouant aux échecs.*
2. *Je ne peux pas écouter le lecteur CD tout en étudiant.*
   ('Tout en' is used here to emphasise that the two actions are happening at the same time. 'Tout' doesn't change to feminine or plural in this case.)
3. *Est-ce que tu entends Leona Lewis chanter à la radio ?*
4. *Non, mais je l'ai vue faire une représentation à l'O_2.*
5. *Sachant que les drogues nuisent au cerveau, je les ai refusées.*
6. *Le traitement de texte est un bon moyen d'écrire une composition.*
7. *Allons chez Mark au lieu d'aller à la fête.*

Verbs with prepositions

How do we know which preposition to use with which verb? There is a list that can be learned, but it's better to learn them in examples and practise them.

- Here are some common verbs that take 'à' before the noun or infinitive:

  aider à (*to help*): J'aide ma mère à passer l'aspirateur.

  apprendre à (*to learn*): J'apprends à jouer de la guitare.

  commencer à: Il a commencé à pleuvoir.

  s'habituer à (*to get used to*): On s'habitue à voyager.

  se mettre à *(to begin/start)*: L'enfant s'est mis à jouer.

  inviter à (*to invite to*): On m'a invité à rester.

  jouer à (*play games*): Je joue au foot.

  répondre à: Répondez à la question, s'il vous plaît.

  assister à *(to attend)*: Nous avons assisté à une pièce de théâtre hier soir.

  s'intéresser à: Je m'intéresse à la lecture.

- The next group of verbs have **prepositions in English** but **not** in French. The word **'for'** does not translate:

  attendre (*to wait for*): Il attend le train de sept heures.

  chercher (*to look for*): Je cherche mon billet. Où est-il ?

  payer (*to pay for*): Moi, je paye (also: 'je paie') les places.

  demander (*to ask for*): Demandez-lui l'heure.

- In the following verbs, the words **'to'** and **'at'** do not translate:

  écouter (*to listen to*): J'écoute mon ipod.

  regarder (*to look at*): Nous regardons la télé ce soir.

- These verbs take **'de'** before the infinitive:

  cesser de (*to stop, cease*): Il a cessé de fumer.

  décider de (*to decide to*): Nous avons décidé de partir de bonne heure.

  essayer de (*to try to*): Il a essayé d'attraper le voleur.

  oublier de (*to forget to*): J'ai oublié de mettre ta carte à la poste.

- Verbs that take **'à'** before the **object** and **'de'** before the **infinitive** are verbs of communication, e.g. 'tell, advise, forbid, ask, allow', etc.:

  dire à quelqu'un **de** faire quelque chose:
  J'ai dit à l'électricien de passer chez nous plus tard.   *I told the electrician to call later.*
  conseiller à quelqu'un **de** faire quelque chose:
  La police a conseillé aux gens de s'éloigner.   *The police advised the people to stay away.*

défendre/interdire à quelqu'un **de** faire quelque chose:

Le père de Sean lui* a défendu/interdit de fumer (*note: 'lui' not 'le' nor 'l''). *Sean's father forbade him to smoke.*

demander à quelqu'un **de** faire quelque chose:

Ma copine m'a demandé de l'accompagner en Finlande. *My friend asked me to go to Finland with her.*

permettre à quelqu'un **de** faire quelque chose:

Mon travail a permis à ma famille de voyager l'an dernier. *My job enabled my family to travel last year.*

Exercise

Translate the following sentences.

1. I will ask my friend to drop in today.
2. Frank advised his neighbour to visit the new art gallery.
3. We advised everyone to buy this CD.
4. Monsieur Dantes let his son go out to the disco.
5. Ask Antoine to lend you his book.
6. Tell Michael to write/to phone me.
7. My father ordered me to put away (*ranger*) my DVDs.
8. Our boss forbids us to leave before five o'clock.
9. Our guidance counsellor advised Denis to do Science.
10. She told them to hurry.

> **key point**
>
> When 'à' comes before the object pronouns 'le, la, les', then 'à' combines with them to become 'lui' (*to him/her*) and 'leur' (*to them*).

Solutions

1. *Je demanderai à mon ami de passer chez moi aujourd'hui.*
2. *Frank a conseillé à son voisin de visiter le nouveau musée d'art.*
3. *Nous avons conseillé à tout le monde d'acheter ce CD.*
4. *M. Dantes a permis à son fils de sortir en boîte.*
5. *Demande à Antoine de te prêter son livre.*
6. *Dis à Michel de m'écrire/me téléphoner.*
7. *Mon père m'a ordonné de ranger mes DVD.*
8. *Notre patron nous défend de partir avant dix-sept heures.*
9. *Notre conseiller d'orientation a conseillé à Denis de faire des sciences.*
10. *Elle leur* a dit de se dépêcher. (*Note: 'leur' not 'les')*

Now, putting them all together, try the following two exercises.

Exercise

Remplacez les points de suspension avec la préposition qui convient (s'il en est besoin).

1. J'écoute … les CD.
2. Regardez … sa voiture neuve.
3. L'avion est parti … Shannon à dix heures.
4. Ma mère nous a conseillé … prendre garde des étrangers.

5. Ne t'inquiète pas. Je paie ... les friandises.
6. Que fais-tu ? Je cherche ... ma montre.
7. Ça alors ! Je ne peux pas répondre ... question, Madame.
8. Permettez-moi ... me présenter.
9. Il demande ... l'agent où se trouve la mairie.
10. Le gouvernement a promis ... électeurs.
11. J'ai raconté l'histoire ... classe.
12. Les refugiés ont essayé ... s'échapper ... camp.

Solutions

1. *J'écoute les CD.*
2. *Regardez sa voiture neuve.*
3. *pour/de*
4. *de*
5. *Ne t'inquiète pas. Je paie les friandises.*
6. *Que fais-tu ? Je cherche ma montre.*
7. *à la*
8. *de*
9. *à*
10. *aux*
11. *à la*
12. *de ... du. (Note: Numbers 1, 2, 5, 6 = <u>NO</u> prepositions)*

Exercise

Traduisez les phrases suivantes.
1. They are waiting for the bus.
2. Ask the lads to bring their CDs on Saturday.
3. Who's paying for the damage?
4. Ask them for the time. My watch is slow.
5. She's leaving Limerick on Friday.
6. She advised me to study Information Technology.
7. I can play the piano.
8. Do you help your parents to do the housework?

Solutions

1. *Ils attendent l'autobus.*
2. *Demandez aux copains d'apporter leurs CD samedi.*
3. *Qui paie les dégâts ?*
4. *Demande-leur l'heure. Ma montre a du retard.*
5. *Elle part de Limerick/elle quitte Limerick vendredi.*
6. *Elle m'a conseillé d'étudier l'informatique.*
7. *Je sais (not 'pouvoir' here) jouer du piano.*
8. *Est-ce que vous aidez vos parents à faire le ménage ?*

Le passé simple *(Simple past tense)*

This tense has to be learned mainly for recognising it in comprehensions. It is chiefly a literary tense – it isn't used in conversation or letter writing. You come across it in literature, journalism and narrative.

In English, the 'passé simple' is the simple past tense, e.g. 'I did, he saw, we went, they sold', etc. The 'passé simple' has to do with actions that occurred in the past. It has a similar time span in the past as the 'passé composé', as though you were being asked the question: 'What happened next?' It replaces the 'passé composé' in a narrative.

'-er' verbs (regarder)	'-ir' verbs (choisir)	'-re' verbs (attendre)
je regardai (*I watched*)	je choisis (*I chose*)	j'attendis (*I waited*)
tu regardas	tu choisis	tu attendis
il/elle regarda	il/elle choisit	il/elle attendit
nous regardâmes	nous choisîmes	nous attendîmes
vous regardâtes	vous choisîtes	vous attendîtes
ils/elles regardèrent	ils/elles choisirent	ils/elles attendirent

- The '-oir' verbs are all **exceptions**. Their formation often comes from the **past participle** of the verb. For example:

  recevoir (to receive; past participle – *reçu*)

je reçus (*I received, I got*)	nous reçûmes
tu reçus	vous reçûtes
il/elle reçut	ils/elles reçurent

- Note the frequency of the letters 'u' in these '-oir' verbs.
  Learn the following popular exceptions:

  boire (past participle: bu) – je bus, tu bus, il but, etc.
  vouloir (voulu) – je voulus
  connaître (connu) – je connus
  pouvoir (pu) – je pus
  devoir (dû) – je dus
  mettre (mis) – je mis
  écrire – j'écrivis
  faire – je fis
  naître – je naquis
  vaincre – je vainquis
  ouvrir – j'ouvris
  voir – je vis

key point

Note especially:

avoir	être	venir
j'eus (*I had*)	je fus (*I was*)	je vins (*I came*)
tu eus	tu fus	tu vins
il/elle eut	il/elle fut	il/elle vint
nous eûmes	nous fûmes	nous vînmes
vous eûtes	vous fûtes	vous vîntes
ils/elles eurent	ils/elles furent	ils/elles vinrent

'Qui', 'que' (pronom relatif)

Both mean 'which' and 'that', as well as 'who/whom'. Students frequently confuse them.

- 'Qui' refers to the **subject** (the noun that does the action of the verb).

  J'ai envoyé la lettre qui était sur la table.   *I sent the letter which was on the table.*

  ('la lettre' is the subject of 'était')

- 'Que' refers to the **object** of the sentence (the noun that suffers the action of the verb).

  J'ai envoyé la lettre que tu as écrite.   *I sent the letter that you wrote.*

  ('la lettre' is the object, because it was 'written')

Consider these two incomplete sentences:

Voilà l'athlète ... a gagné la médaille d'or !   *Here is the athlete who won the gold medal!*

As-tu le roman ... je t'ai prêté ?   *Have you got the novel that I lent you?*

The two gaps represent the relative pronouns 'qui' or 'que'.

Now ask yourself: has the verb 'a gagné' got a subject before it?

No, it hasn't. So put one in – 'qui':

Voilà l'athlète qui a gagné la médaille d'or !

In the second example, has the verb 'ai prêté' got a subject before it?

Yes, it has. It is 'je', so don't put another one in there. Use the object 'que'. Hence:

As-tu le roman que je t'ai prêté ?

Exercise

Replace the gap with 'qui' or 'que'.

1. Quel est le nom du film ... tu as vu hier ?
2. Giggs est le joueur ... j'aime le plus.
3. Je suis entré dans la pièce ... se trouvait en face de la cuisine.
4. Où sont les cadeaux ... je viens d'acheter ?
5. Je vois le chemin ... mène à la ville.
6. Ils sont descendus dans un hôtel ... donne sur la mer.
7. La Suisse est le plus beau pays ... nous connaissions (the subjunctive follows a superlative).
8. C'est Joanna ... m'a raconté l'histoire.

Solutions

1. *que*	2. *que*	3. *qui*	4. *que*
5. *qui*	6. *qui*	7. *que*	8. *qui*

'Dont' (pronom relatif)

This can be a difficult pronoun, and one which students seldom use – or know how to use. 'Dont' is in the same category of pronouns as 'qui' and 'que' – that is, it is a relative pronoun.

'Dont' translates 'of whom', 'of which', 'whose', etc. It stands in for 'de' plus a relative pronoun. In other words, it is like trying to say 'de que', which would not be correct. Look at these examples.

- 'Dont' is used as a **relative pronoun** when the verb takes the preposition **'de'**:

  Ce sont les trucs dont tu as besoin. (avoir besoin de) *These are the things that (of which) you need.*

- 'Dont' is used instead of **'de'** and **'que'**:

  L'acteur dont il parle est mort. (parler de) *The actor about whom he talks has died.*

- 'Dont' also means **'whose/of whom'**:

  Je connais un homme dont le fils a gagné le gros lot. *I know a man whose son won the lottery.*

  Mon père parlait à la femme dont le mari est mort. *My father was speaking to the woman whose husband has died.*

  L'homme dont la voiture est tombée en panne est en colère. *The man whose car broke down is annoyed.*

- Other uses of 'dont' are as follows:

  (a) Meaning **'including'**:

  Le tremblement de terre a fait deux cents morts, **dont** douze enfants. *The earthquake caused 100 deaths, including 12 children.*

  (b) **'La façon dont'** (the way in which):

  Cela dépend de la façon **dont** il marche. *That depends on the way in which it works.*

Exercise

Translate the following sentences.

1. Do you see the person I'm talking about?
2. The teacher, whose pupils did well, received praise *(des éloges)* from the parents.
3. The child, whose name appeared in the paper, won the award.
4. Have you found the list I need? *(avoir besoin de)*
5. My neighbour, whose daughter got married last year, will visit us soon.
6. The floods caused 35 injuries, including ten serious ones.
7. I didn't like the manner in which he spoke.

Solutions

1. *Est-ce que tu vois la personne dont je parle ?*
2. *Le professeur, dont les élèves ont bien réussi, a reçu des éloges des parents.*
3. *L'enfant, dont le nom a paru dans le journal, a gagné le prix.*
4. *Avez-vous trouvé la liste dont j'ai besoin ?*
5. *Mon voisin, dont la fille s'est mariée l'année dernière, va bientôt nous rendre visite.*
6. *Les inondations ont fait trente-cinq blessés, dont dix blessés graves.*
7. *Je n'ai pas aimé la façon dont il a parlé.*

'Lequel' (pronom relatif)

In the previous section, we saw how to say 'of which' and 'of whom', but how do you say 'with which', 'in which', 'without which' and so on?

That's where '**lequel**' comes in. 'Lequel' is another relative pronoun like 'qui, que' and 'dont', but is used when the relative '**which**' comes **after a preposition**:

La feuille, <u>sur</u> laquelle j'écris, est blanche.   *The page, which I'm writing on (i.e. <u>on</u> which), is blank.*

Les questions <u>aux</u>quelles j'ai répondu étaient faciles. *The questions which I answered (literally: '<u>to</u> which I replied') were easy.*

- 'Lequel' changes for **feminine** and **plural**:

	Masculine	Feminine
Singular	lequel	laquelle
Plural	lesquels	lesquelles

- 'à' + 'lequel' = 'auquel'

	Masculine	Feminine
Singular	auquel	à laquelle
Plural	auxquels	auxquelles

Exercise

Translate the following sentences.
1. Where is the biro that I was working with? (literally: 'with which I was working')
2. Lend me the cards you were playing with, please.
3. We are staying in a hotel in which they have (use 'il y a') a great pool.
4. That's the table under which you'll find the suitcase.
5. The neighbours, for whom I bought messages, gave me 20 euros.

Solutions

1. *Où est le stylo avec lequel je travaillais?*
2. *Prête-moi les cartes avec lesquelles tu jouais, s'il te plaît.*
3. *Nous restons dans un hôtel dans lequel il y a une piscine formidable.*
4. *Voilà la table sous laquelle vous trouverez la valise.*
5. *Les voisins, pour lesquels j'ai fait des courses, m'ont donné vingt euros.*

Le futur logique *(Logical Future)*

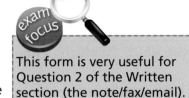

exam focus

This form is very useful for Question 2 of the Written section (the note/fax/email).

- Think of the title – 'logical' and 'future'. It follows that when the **main clause** is in the **future**, and if the **minor clause** starts with the words **'when'** or **'as soon as'**, then that clause will logically also take the **future tense**:

  Je lui téléphonerai quand j'arriverai chez moi.   *I'll phone him when I get home.*

  In this example, the main clause ('I'll phone him') is in the future. The minor clause ('when I get home') is also in the future because it begins with 'when'.

- To put it another way, the logical aspect of this is that I cannot phone anyone until 'I will get home'.

  Dès qu'ils te verront, ils te parleront.   *As soon as they see you, they'll speak to you.*

  Here again, it is logical to say that they can't speak to anyone until such a time as they will see them.

- If you have a **command** in the **main clause**, then the same rules apply, i.e. 'when', 'as soon as' + future:

  Aussitôt que vous les rencontrerez, faites-moi savoir.   *As soon as you meet them, let me know.*

  Hence, 'let me know as soon as you will meet them'.

key point

Summary	Main clause	+	'as soon as'/'when'	+	Minor clause
	(Future)		*(dès que, aussitôt que /*		(Future)
	(Command)		*quand, lorsque)*		

Exercise

Translate the following sentences (not every sentence is a logical future).

1. As soon as I get my Leaving Cert, I'll go abroad.
2. Whenever I don't bring my umbrella, it rains!
3. When I got my wages last week, I spent it all *(dépenser ... en)* on CDs.
4. When Julie rings, tell her that I have just left.
5. Let me know when she rings.
6. Each time that I go on a diet *(faire un régime)* it makes no difference.
7. If you visit New York, you'll see the Statue of Liberty.
8. When he gets home we'll all go out together.

Solutions

1. *Dès que j'aurai mon bac, j'irai à l'étranger.*
2. *Chaque fois que je n'apporte pas mon parapluie, il pleut.*
3. *Quand j'ai reçu mon salaire la semaine dernière, j'ai tout dépensé en CD.*
4. *Quand Julie téléphonera, dis-lui que je viens de partir.*
5. *Fais-moi savoir quand elle téléphonera.*

6. *Chaque fois que je fais un régime, cela ne fait pas de différence.*
7. *Si vous visitez New York, vous verrez la Statue de la Liberté.*
8. *Lorsqu'il rentrera chez lui, nous sortirons tous ensemble.*

It is worth noting the verb '**passer**', which can have **two meanings**.
'Passer' can mean either 'to spend' (as in time), or 'to pass by, call in'.
The meaning will determine whether to use 'avoir' or 'être':
Le facteur est passé ce matin.   *The postman called in (dropped by) this morning.*
Les copines de Marie sont passées chez elle.   *Marie's friends called in at her house.*
Les autos sont passées dans la rue.   *The cars passed by in the street.*
L'été dernier, j'ai passé mon temps à jouer au tennis.   *Last summer, I spent my time playing tennis.*

Le passif *(Passive)*

Look at these two sentences:

The car knocks down the boy.   *La voiture renverse le garçon.* (active)
The boy is knocked down by the car.   *Le garçon est renversé par la voiture.* (passive)

- When the **subject** of a sentence carries out the **action** of the verb, as it does in the first example, the verb is **active**.

- When the subject is **not doing** anything, it is **passive** – the action **is done to him/her**, as in the second example.

Try two more examples:

Paul écrit la lettre. (active)   *Paul is writing the letter (Paul is doing the action).*
La lettre est écrite par Paul. (passive)   *The letter is written by Paul (the letter is not doing the action).*

You will have noticed by now that to form the passive, you use
'être' + 'past participle' – in any tense:

     La lettre est écrite.   *The letter is written.*
     La lettre a été écrite.   *The letter was written.*
     La lettre avait été écrite.   *The letter had been written.*
     La lettre sera écrite.   *The letter will be written.*

The past participle (*écrite*) agrees with the subject *(la lettre)* because you are using 'être':

La fille est aimée de tous.   *The girl is liked by everyone.*

La chemise a été déchirée.   *The shirt was torn.*

Les enfants avaient été réveillés.   *The children had been woken up.*

Nous avons été vus.   *We have been (were) seen.*

There are two main ways of avoiding the passive.

Use 'on' and an active verb

This is used when the action is **intentional** and the **person** doing the action of the verb is **not mentioned**:

On parle anglais ici.   *English is spoken here. (They speak English here).*

On l'a emmené à l'hôpital.   *He was taken to hospital. (They took him to hospital).*

However, be careful with the intention. 'He was killed in an accident' would not be 'On l'a tué dans un accident' (because it implies murder!). Instead, we must use the passive: Il a été tué …

Use a reflexive verb

Elle s'appelle Marie.   *She is called Marie.*

Ils s'organisent pour demain.   *They are getting organised for tomorrow.*

If the **subject** is also an **indirect object**, then it cannot be passive *in French*, e.g. 'I was told the time by my friend'.

This is fine in English, but not in French, because the verb 'dire' takes 'à' before its object. Thus, you cannot use 'je' as a subject when it is also the object of 'dire à'. 'A' cannot be excluded; it must go somewhere.

Hence the sentence becomes as it were: 'One told me'. In French, this done by using 'on' plus the **indirect** object pronoun (me, te, lui, nous, vous, leur):

On m'a dit …   *I was told …* (i.e 'One said to me')

On lui a donné l'emploi.   *He was given the job.* (i.e. 'One gave the job to him')

Exercise

Translate the following sentences.

1. The motorcyclist was knocked down by the lorry.
2. The lorry driver knocked down the cyclist.
3. We were advised to leave.
4. I advised him to take notes.
5. It is said that they will arrive.
6. The letter was written.

7. The car was stopped by the police.
8. He was asked a question *(poser une question)*.
9. That is not done here.
10. The house had been burgled.
11. They were killed in an earthquake.
12. We were asked to come here.

Solutions

1. *Le motocycliste a été renversé par le camion.*
2. *Le camionneur a renversé le cycliste.*
3. *On nous a conseillé de partir.*
4. *Je lui ai conseillé de prendre des notes.*
5. *On dit qu'ils arriveront.*
6. *La lettre a été écrite.*
7. *La voiture a été arrêtée par la police.*
8. *On lui a posé une question.*
9. *Cela ne se fait pas ici.*
10. *La maison avait été cambriolée.*
11. *Ils ont été tués dans un tremblement de terre.*
12. *On nous a demandé de venir ici.*

Qu'est-ce que/Que (What)? ce que ?

The main point here is to know the difference in French between 'what' as a **question** and 'what' as a **relative pronoun**. Examine these sentences.

Qu'est-ce que vous avez dit, Luc ?   *What did you say, Luc?*
Dis-moi ce que vous avez dit.   *Tell me what you said.*

'Que' is the question word 'what' and 'ce que' is the **relative pronoun**. To put it another way, 'ce que' does **not** ask a question!

You may have noticed that the word 'que' is the object (remember 'qui/que'; see page 137). What if the word 'what' is the subject?

Qu'est-ce qui se passe ici ?   *What is happening here?*
Dis-moi ce qui se passe ici.   *Tell me what is happening here.*

Exercise

Translate the following sentences.
1. I don't know what's going on.
2. What did they do?
3. What do you like about school?
4. What I like about school, is friends.
5. What should we do?
6. Don't ask them what they are doing today.
7. What's not working in the factory?
8. That's what's not working here.

Solutions

1. *Je ne sais pas ce qui se passe.*
2. *Qu'est-ce qu'ils ont fait ?/Qu'ont-ils fait ?*
3. *Qu'est-ce que vous aimez à l'école ?/Qu'aimez-vous à l'école ?*
4. *Ce que j'aime à l'école, c'est les copains.*
5. *Qu'est-ce que nous devrions faire ?/Que devrions-nous faire ?*
6. *Ne leur demandez pas ce qu'ils font aujourd'hui.*
7. *Qu'est-ce qui ne marche pas dans l'usine ?*
8. *C'est ce qui ne marche pas ici.*

Le subjonctif (Subjunctive)

The subjunctive is widely used in French. It appears regularly in literature, conversation and journalism writing.

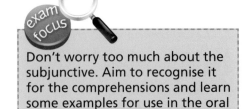

Don't worry too much about the subjunctive. Aim to recognise it for the comprehensions and learn some examples for use in the oral and written sections of the exam.

We don't have any real experience of it in English except with a few conjunctions, such as 'as if', 'as though', 'if' and verbs of wishing.

- First, think of the tenses that you have studied so far. They express fact and certainty – **the way things are, were or will be,** such as:

    Joe travaillait dur.   *Joe worked hard.*

    Elle reviendra bientôt.   *She will return soon.*

    Cela est vrai.   *This is true.*

- The subjunctive is less certain, more doubtful and vague. It expresses what, in the mind of the speaker, is **desirable** or **undesirable**, what is **preferred** and **doubtful**:

    Je préfère que Joe ait travaillé dur.   *I prefer that Joe worked hard.*

    Il est possible qu'elle revienne bientôt.   *It is possible that she will soon return.*

    Je doute que ce soit vrai.   *I doubt that this is true.*

- Normally, the subjunctive is **preceded** by '**que**'. (But this doesn't mean that the subjunctive is used every time you use 'que'.)

- The **present** subjunctive is the only one to learn (the 'passé composé' subjunctive (le subjonctif passé) merely consists of changing 'avoir' and 'être' into the present subjunctive).

How to form the subjunctive

- Take the third person plural of the verb.
- Remove the '-ent' ending.
- Add the endings: '-e, -es, -e, -ions, -iez, -ent'.

The subjunctive is very similar to the present tense of '-er' verbs:

(Regular) Visiter	(Irregular) Aller
que je visite *(that I (may) visit)*	que j'aille *(that I (may) go)*
que tu visites	que tu ailles
qu'il/elle visite	qu'il/elle aille
que nous visitions	que nous allions*
que vous visitiez	que vous alliez*
qu'ils/elles visitent	qu'ils/elles aillent

* **Note** that in several irregular verbs, the stems of the verbs with 'nous/vous' refer back to the infinitive, just like they do in the present tense. Other notable exceptions are:

Être	Avoir	Faire
que je sois	que j'aie	que je fasse
que tu sois	que tu aies	que tu fasses
qu'il/elle soit	qu'il/elle ait	qu'il/elle fasse
que nous soyons	que nous ayons	que nous fassions
que vous soyez	que vous ayez	que vous fassiez
qu'ils/elles soient	qu'ils/elles aient	qu'ils/elles fassent

Check your textbook for a more comprehensive list.

Uses

- **After verbs of wishing/wanting**

  The subjonctive is used when you 'want' or 'prefer someone else to do' something.

  Je voudrais aller au Pays de Galles.   *I would like to go to Wales.*
  Je voudrais qu'il **aille** au Pays de Galles.   *I would like him to go to Wales.*

  In the second example, the subjunctive is used. The reason is that when the two verbs in each clause have **different subjects**, then 'wishing' takes the subjunctive. Thus, 'I' wish that 'he' goes to Wales requires the subjunctive.

  In the first example, there is only the **one** subject, that is, 'I'. Thus, 'I' wish that 'I' go to Wales (infinitive). This also applies to verbs of preferring and liking.

- **Verbs of preferring**

  Nous préférons rester ici.   *We prefer to stay here. (1 subject)*
  Nous préférons que vous **restiez** ici.   *We prefer you to stay here. (2 subjects)*

- **Verbs of liking**

  J'aimerais m'engager dans l'armée.   *I'd like to join the army. (1 subject)*
  J'aimerais que tu me **téléphones**.   *I'd like you to ring me. (2 subjects)*

The best way to learn these expressions is to pick a few examples, learn them and use them often in class work.

- **After certain** conjunctions

  avant que *(before)*:
  Ne partez pas avant que je vienne.   *Don't leave before I come.*

  pour que/afin que *(in order that/so that)*:
  Il me l'a expliqué avec soin pour que je puisse comprendre.   *He explained it to me carefully so that I could understand. (literally, 'that I may understand')*

  bien que/quoique *(although/though)*:
  Quoiqu'/bien qu'il soit malade, il ne reste pas au lit.   *Although he is sick, he doesn't stay in bed.*

  jusqu'à ce que *(until)*:
  Attendez ici jusqu'à ce que je revienne.   *Wait here until I return.*

  de peur/de crainte que … ne *(for fear that)*:
  Je devrais l'accompagner de peur qu'il **ne** fasse une bêtise.   *I'd better go with him for fear (in case) he does something stupid.*

  Note the use of 'ne' in this last construction.

- **After verbs of** doubt

  Je doute que tu aies raison.   *I doubt that you are right.*

- **After certain common** expressions/impersonal verbs

  il faut que   *(it is necessary)*:
  Il faut que tu t'en ailles maintenant.   *You have to go away now.*

  il est temps que   *(it's time that)*:
  Il est temps qu'ils s'en aillent. (s'en aller – *to go away*)   *It's time for them to go.*

  il est possible que   *(it's possible that)*:
  Il est possible qu'il ait dit cela.   *It's possible that he said that.*

  il vaut mieux que   *(it's better that)*:
  Il vaut mieux que tu apprennes une langue.   *It's better for you to learn a language.*

  il est important que   *(it's important that)*:
  Il est important que tu réussisses à tes examens.   *It's important that you succeed in your exams.*

All these expressions have to do with **possibility** and **doubt**. However, expressions that are concerned with **certainty** and **probability** do **not** take the subjunctive:

Il est certain que nous gagnerons.   *It's a certainty that we'll win.*
Il est évident qu'il ne vient pas.   *It's obvious that he's not coming.*
Il est vraisemblable qu'il pleuvra.   *It's likely that it'll rain (it'll probably rain).*

Exercise

Translate the following sentences. Remember that not all these verbs will be subjunctive.

1. It's time for those responsible *(les responsables)* to tell the truth.
2. It's possible that I'll be here tonight.
3. They say that they are good friends.
4. My parents want me to be happy in life.
5. They prefer me to make my own *(propre)* decisions.
6. I'm not staying here in case (for fear that) they come back.
7. It's true that we are living in the age of computers.
8. The developed countries must help the under-developed ones *(les pays en voie de développement, les PVD)*.
9. Would you like me to read out loud?
10. Although I started to read the book yesterday, I haven't finished it yet.

Solutions

1. *Il est temps que les responsables disent* (subjunctive) *la vérité.*
2. *Il est possible que je sois ici ce soir.*
3. *On dit qu'ils sont bons amis.*
4. *Mes parents veulent que je sois heureux dans la vie.*
5. *Ils préfèrent que je prenne mes propres décisions.*
6. *Je ne reste pas ici de crainte qu'ils ne rentrent* (subj.).
7. *Il est vrai que nous vivons à l'époque des ordinateurs.*
8. *Il faut que les pays industrialisés aident* (subj.) *les pays en voie de développement.*
9. *Voudriez-vous que je lise à haute voix ?*
10. *Bien que j'aie commencé à lire le roman hier, je ne l'ai pas encore fini.*

Les prépositions

About

- With **numbers** *(environ)*:
  Environ cent mille personnes habitent à Limerick. *About one hundred thousand people live in Limerick.*

- With **time** *(vers)*:
  Je rentrerai vers dix heures. *I'll be back at about 10 o'clock.*
  Il y arrivera vers cinq heures et demie. *He'll get there at about 5.30.*

- Expressing an **opinion** *(de)*:
  Qu'est-ce que vous pensez de son dernier film ? *What do you think of his latest film?*

- **Subject about which** you are thinking *(à)*:
  Elle pense à ses parents. *She is thinking about her parents.*

- **Information** *(sur)*:
  Nous voudrions de l'information sur le coût de la vie en France. *We'd like some information about the cost of living in France.*

Veuillez m'envoyer des renseignements sur les campings en Normandie. *Please send me some information about campsites in Normandy.*

Other ways of saying 'about' include:
Si on prenait un café ? *What/how about a cup of coffee?*
Si on allait au cinéma ? *How about going to a film?*
De quoi s'agit-il ? *What's it about?*
Il s'agit d'un pauvre homme qui … *It's about a poor man who …*

Against

- **Opposition** and feelings of **anger** *(contre)*:
  l'Irlande joue contre la Pologne. *Ireland are playing against Poland.*
  Elle s'est fâchée contre moi. *She got angry with me.*
  Le pharmacien m'a donné un médicament contre la grippe. *The chemist gave me medicine for the flu.*

At

- At somebody's **workplace** or **house** *(chez)*:
  Il est chez le dentiste. *He is at the dentist's.*
  Nous restons chez Paul. *We're staying at Paul's (house).*

- 'At' is a general word and is used in many contexts. The usual French word is 'à':
  à la maison *at home*
  à l'âge de quinze ans *at the age of 15*
  à la fin *at the end*
  à l'école *at school*
  à six heures *at 6 o'clock*

From

'From' is most often translated by 'de'.

- From a **place** *(de)*:
  Ils sont sortis de la maison. *They went out of the house.*
  Marc est parti de l'école. *Mark left school.*
  Son mari vient de Londres. *Her husband comes from London.*

- **Dating from** *(dès, à partir de, depuis)*:
  Le bureau est ouvert à partir de lundi. *The office is open from Monday (onwards).*
  Depuis ce jour, on s'est bien entendu. *From that day (forward) we got on well.*

In, into

- **Cities, towns, villages** *(à)*:

  La dame habite à Moscou. *The lady lives in Moscow.*

  Mon correspondant passe ses vacances à New Ross. *My penpal is spending his holidays in New Ross.*

- **Countries**

  It depends on the gender of the country.

  Masculine *(au)*:
  Lisbonne se trouve au Portugal.   *Lisbon is in Portugal.*
  J'habitais aux États-Unis.   *I used to live in the US.*

  Feminine *(en)*:
  On a loué un gîte en France.   *We rented a cottage in France.*
  Pierre est en Italie.   *Peter is in Italy.*

- **Inside a place** *(dans)*:
  On joue dans ce champ.   *We're playing in this field.*
  Il y a un bistrot dans chaque rue.   *There is a pub in every street.*

- **Seasons, years** *(en, au)*:

  En hiver, en été, en automne (but 'au printemps' because 'printemps' begins with a consonant).

  Je suis né en 1993.   *I was born in 1993.*

To

- **À** *(indirect object)*:

  Je parlais à Patricia.   *I was talking to Patricia.*

  La fille a présenté son copain à sa mère.   *The girl introduced her friend to her mother.*

- **To a city** *(à)*:
  On va à Edimbourg.   *We're going to Edinburgh.*
  Elle habite à Berlin.   *She lives in Berlin.*

- **To someone's house** or **business** *(chez)*:
  Anna est partie chez son amie.   *Anna's gone to her friend's house.*
  Vas-tu chez le dentiste ?   *Are you going to the dentist?*

Exercise

Translate the English words in brackets. (There may be one or two prepositions included in this exercise that were not covered in the notes, so you will have to use your instincts!)

1. J'habite *(in)* Londres *(in)* Angleterre.
2. Il y a un bon film *(on)* la télé.
3. Reste ici *(until)* demain.
4. J'y allais une fois *(a/per)* an.
5. Les Californiens viennent *(from the)* États-Unis.
6. Tout le monde va *(to)* église *(on)* dimanche.
7. Le concert aura lieu *(on)* samedi.
8. Nous y allons *(by)* car.
9. Il y a *(about)* trente élèves dans notre classe.
10. Ma tante est très malade. Elle est *(in)* hôpital.

Solutions

1. *à; en*
2. *à*
3. *jusqu'à*
4. *par*
5. *des*

6. *Tout le monde va à l'église le dimanche.*
7. *Le concert aura lieu samedi.*
8. *en*
9. *environ*
10. *à l'*

Le conditionnel ('Would')

The conditional means 'I **would** do something.' The formation is simple, provided that you know the future tense. This is because the conditional is based on the future tense.

● First, remove the endings from the future tense verbs:

je donner-
tu choisir-
il attendr-

nous ser-
vous aur-
elles ir-

> **key point**
>
> All verbs have the letter 'r' in their stems.

● Second, add the **imperfect** endings:

Donner
je donnerais *(I would give)*
tu donnerais
il/elle donnerait
nous donnerions
vous donneriez
ils/elles donneraient

Être
je serais *(I would be)*
tu serais
il/elle serait
nous serions
vous seriez
ils/elles seraient

Uses: The oral

Que voudriez-vous faire après le Leaving Cert ? *What would you like to do after the Leaving Cert?*
Quels pays aimeriez-vous visiter ? *Which countries would you like to visit?*

Also:

Pourriez-vous me donner l'adresse, s'il vous plaît ? *Could you give me the address, please?*
J'aimerais t'accompagner en Allemagne. *I'd like to go with you to Germany.*

'If' sentences (Present/future)

These sentences take the same tenses in both English and French. Look at this example:

Si je le vois aujourd'hui, je te téléphonerai. *If I see him today, I'll phone you.*

In the 'if' clause, the tense is the **present** in both languages. In the **main clause**, i.e. 'I'll phone you', the tenses are both **future**. So as the tenses correspond in both languages, there's no problem in deciding on tenses:

François m'écrira s'il a le temps. *François will write to me if he has the time.*

'If' sentences *(Imperfect/conditional)*

This time, the tenses don't correspond nicely like those above. In this case, the rule is that when the **main clause** is in the **conditional** tense, the 'if' clause goes into the **imperfect** tense:

Si je gagnais le gros lot, je voyagerais partout dans le monde.
> *If I won the lotto, I would travel around the world.*

L'étudiante réussirait mieux si elle travaillait plus dur.
> *The student would do better if she worked harder.*

Si je m'entraînais plus, je ferais partie de l'équipe.
> *If I trained more, I would be on the team.*

You might expect 'gagnais' to be in the 'passé composé', but not in this construction.

Summary:

There are **two** types of conditional sentences:

- 'Si' + present in the minor clause, future in the main clause.
- 'Si' + imperfect in the minor clause, conditional in the main clause.

Exercise

Translate the following sentences.

1. If you were rich, you would not be happy.
2. We'll go out if the weather is fine.
3. If they're fit, they'll win.
4. If you don't close the window, there will be a draught *(un courant d'air).*
5. If I got a good Leaving Cert, I'd go to university.
6. If he has the time, he goes to the tennis club.
7. If I had the money, I would buy a CD player.
8. If she had the time, she'd go to the cinema.

Solutions

1. *Si vous étiez riche, vous ne seriez pas heureux.*
2. *Nous sortirons s'il fait beau.*
3. *S'ils sont en forme, ils gagneront.*
4. *Si vous ne fermez pas la fenêtre, il y aura un courant d'air.*
5. *Si j'obtenais un bon Leaving Cert, j'irais à la fac.*
6. *S'il a le temps, il va au club de tennis.*
7. *Si j'avais l'argent, j'achèterais un lecteur CD.*
8. *Si elle avait le temps, elle irait au cinéma.*

Sample listening comprehension transcript (Section 2)

Section I

 Track 18

Comment peut-on oublier son bébé ?

1. « J'ai tué mon fils. Comment ai-je pu l'oublier ! » La vie d'Éric Allarousse, pharmacien de 38 ans à Pont-de-Chéruy (Isère), a basculé le 15 juillet 2008. Pendant plus de deux heures, il a laissé dans sa voiture Yanis, son petit garçon de 2 ans et demi. L'enfant est mort de chaleur. Éric Allarousse a été condamné à huit mois de prison avec sursis pour homicide involontaire.

2. Comme tous les matins, Éric se rend en voiture à son officine. Mais cette fois, il doit d'abord passer chez ses beaux-parents déposer son fils qu'il installe à l'arrière du véhicule. Sur le chemin, il est témoin d'un accrochage entre une camionnette et une voiture, qui prend la fuite. Éric relève le numéro d'immatriculation et, pour le communiquer à la victime, il se gare.

3. L'homme a complètement zappé la présence de Yanis dans la voiture. Deux heures plus tard, une passante remarque la présence de l'enfant et appelle les gendarmes. Au même moment, la mère de Yanis téléphone à la pharmacie pour demander à son mari où se trouve le bébé. La mémoire revient à Éric Allarousse qui se précipite sur le parking. Trop tard. Dans un véhicule fermé, la chaleur monte en effet rapidement. À cause de leur petite taille, la température centrale des jeunes enfants peut augmenter trois à cinq fois plus vite que celle d'un adulte. Au-delà des 40°C, c'est le coup de chaleur fatal.

Section II

 Track 19

Eric Orsenna

1. **Alors que la crise économique fait rage, pourquoi consacrez-vous un livre à l'eau ?**
   La crise oblige à répondre à certaines urgences comme l'emploi. Mais l'eau est aussi un enjeu crucial, bien que moins visible. Dans beaucoup de pays, les femmes et les fillettes passent 4 heures par jour à en chercher ; un humain sur six n'a pas accès à un point d'eau ; un sur deux vit sans système d'assainissement. Depuis dix ans, les conflits liés à l'eau sont plus nombreux, plus violents, à cause de la pression démographique, de l'urbanisation et de la nécessité de nourrir les gens.

   D'autant que les pays émergents se mettent en masse à manger plus de viande. Or, il faut 13 000 litres d'eau pour produire 1 kg de bœuf, contre 100 litres pour 1 kg de pommes de terre.

2. **Pourtant, vous affirmez que la planète ne va pas manquer d'eau …**
Dans neuf cas sur dix, la pénurie n'est pas due à un déficit physique. Contrairement au pétrole, l'eau est une ressource renouvelable. C'est un cycle, un jeu à trois entre l'océan, le ciel et la terre. On prélève et on rend. Mais, avec le changement climatique, ce cycle se dérègle. Les phénomènes extrêmes s'accroissent et les pluies sont plus mal réparties. Les régions sèches comme le Maghreb et l'Australie en reçoivent encore moins.

3. La Chine et l'Inde connaîtront des inondations plus meurtrières, des sécheresses plus assassines. Ce n'est pas la Terre qui aura souci avec l'eau, mais certaines régions. Surtout que l'eau est difficilement transportable sur de longues distances.
Le manque d'assainissement, dites-vous, tue encore plus que le manque d'eau …
La plupart des maladies sont causées par de l'eau contaminée par les rejets humains. L'urbanisation anarchique mène au choléra. Un réseau d'eau potable est inutile s'il n'est pas assorti d'un réseau d'assainissement.

Section III

Emma Watson

 Track 20

1. **En classe, justement, quel genre d'élève es-tu ?**
Les études m'ont toujours intéressée. Je n'ai d'ailleurs jamais pris prétexte de mes activités de comédienne pour rater les cours. Au contraire … La production a même accepté de suspendre le dernier tournage quelques jours pour me permettre de passer mes examens. Je viens ainsi d'obtenir mon diplôme secondaire avec mention, l'équivalent du baccalauréat en Grande-Bretagne.

2. **Quels sont tes projets pour la rentrée ?**
À la rentrée, j'espère me retrouver sur les bancs de l'université. D'ores et déjà, j'ai envoyé des dossiers de candidature à plusieurs établissements. Je devrais avoir toutes les réponses pendant l'été, je pourrai alors faire mon choix. Je suis tellement impatiente de devenir étudiante et de me fondre dans l'anonymat du campus …

3. **Quel genre de fille es-tu ?**
Si l'on fait abstraction de ma carrière, je suis une jeune fille comme les autres. À 19 ans, j'ai quitté l'adolescence mais, d'un autre côté, je ne me sens pas encore femme. Toutes mes amies du même âge ressentent d'ailleurs la même chose. Il me faudra encore un peu de temps pour me considérer comme une adulte.

Section IV

Mika

Track 21

1. **Journaliste :** Quel est votre objectif ?

   Mika : Avec le succès que j'ai en France et dans le reste de l'Europe, en Chine, au Japon … je sais à quel point il est hyper important de monter sur scène et de faire encore plus que ce que je fais sur mes disques pour prouver à tout le monde que je ne suis pas une étoile filante ! Je ne veux pas seulement avoir du succès avec mes tubes, je désire avoir une longue carrière !

2. Journaliste : Où avez-vous rencontré Lady Gaga?

    Mika : J'ai rencontré Lady Gaga après l'un de ses shows à Los Angeles. J'écoutais beaucoup sa musique mais ça n'est qu'à partir du moment où je l'ai vue en live que je me suis rendu compte de son potentiel. J'admire le fait qu'elle écrive toutes ces choses et prenne autant soin de ce qu'elle fait. Elle a tant de concepts et gère tout ce qui concerne sa musique. C'est un atout dans ce milieu, peu de personnes savent le faire. Je sais qu'elle divise l'opinion, cependant c'est une bonne chose finalement ...

3. Journaliste : Est-ce que vos voyages ont influencé votre musique ?

    Mika : Le fait d'avoir énormément voyagé a influencé ma musique. Ça m'a donné une très forte conscience de moi-même. Mon morceau « Grace Kelly » n'aurait en aucun cas pu être fait par quelqu'un qui serait resté et aurait grandi au même endroit toute sa vie. Ça peut enlever certains de tes sens.

4. Journaliste : Votre famille a connu des problèmes financiers, n'est-ce pas ?

    Mika : À une époque ma famille a tout perdu. À la base, mon père avait un job qui lui rapportait bien. J'étais même dans une école privée à Paris mais, à un moment, nous n'avons même pas pu la payer, ni les impôts. Nous avons fini par perdre notre appartement, nous n'avions même plus de télé. J'ai tout connu, le pire et le meilleur.

Section V

 *Track 22*

1. Le plus vieil instrument de musique connu a été découvert dans la grotte de Hohe Fels (en Allemagne). Long de 22 cm, il a été taillé dans un os de vautour fauve. Des spécimens de 30 000 ans ont déjà été mis au jour dans les Pyrénées françaises.

 *Track 23*

2. Les femmes qui travaillent dans un bureau courent trois fois plus de risques que leurs collègues masculins de souffrir du cou, selon une étude australienne. Peut-être parce qu'elles accumulent plus facilement les tensions musculaires. Les chercheurs conseillent des exercices préventifs d'assouplissement, trois fois par semaine.

Solutions to the sample listening comprehension questions (Section 2)

Section I

1. (i) 15 July 2008.
   (ii) Eight months' suspended sentence (for involuntary homicide).
2. (i) His in-laws'.
   (ii) A traffic collision between a van and a car.
3. (i) His child was still in the car.
   (ii) The body heat of a child can increase three to five times faster than in an adult.

Section II

1. (i) Two of: Women and young girls spend four hours a day looking for water.
   One person in six has no access to water.
   One person in two lives without a system of water decontamination.
   (ii) Two of: Increase in population.
   Urbanisation.
   Necessity to feed people.
   (iii) More people are eating meat (it takes 13,000 litres of water to produce 1 kg of beef).
2. Water is a renewable resource, oil isn't.
3. (i) Worse flooding and droughts.
   (ii) Contaminated water (due to human waste).

Section III

1. (i) She never used the excuse of acting to miss classes.
   (ii) They postponed filming for a few days to allow her to sit her exams.
2. (i) She sent application forms to several colleges.
   (ii) To become a student (and immerse herself in the anonymity of campus life).
3. She doesn't feel like an adult yet. She feels that she is the same as any other girl.

Section IV

1. (i) To do more on stage than on his CDs.
   (ii) A long career.
2. (i) When he saw her live.
   (ii) Two of: She writes all her material.
   She takes great care with what she does.
   She has so many ideas.
   She manages everything to do with her music.
3. If he had grown up in the same place all his life.
4. (i) They could not afford to pay school fees or taxes.
   (ii) They lost their flat, and even their television set.

Section V

1. (i) Germany.

(ii) 30,000 years old.
2. (i) Neck pain.
(ii) Relaxing exercises three times a week.

Solutions to the sample journalistic comprehension questions (Section 3)

10 idées modernes pour étudier heureux

1. (i) Moins vous avez de risques d'être confronté au chômage.
   (ii) Avoir accès au savoir.
2. Two of: Les amphis *(lecture halls)* sont trop petits.
   Le manque d'espace en bibliothèque universitaire.
   Le maigreur des bourses *(the meagreness of the grants)*.
   Les erreurs d'aiguillage.
3. (i) 'le fils de patron a ... d'ouvrier'
   (ii) (a) des facs
       (b) bien rémunéré
4. 'Vous mettrez un ... trouver un emploi'
5. (i) être confronté
   (ii) se cramponner/s'ouvrait/s'occuper
6. Two of:
   Much less chance of being unemployed with a university degree ('moins vous risquez de vous retrouver au chômage').
   The days of a permanent manual job for life are over. You must have 'accès au savoir' and be flexible and qualified.
   Universities are democratic. The son of an employer has as much chance of getting into a third-level college as the son of a worker ('le fils de patron a ... un fils d'ouvrier').

SIDA

1. (i) 'aucun milieu n'est désormais épargné'
   (ii) 'plus d'un tiers des cas ... toxicomanes'
2. Installer un comptoir d'échange de seringues.
3. (i) drogués
   (ii) toxicomanes
4. (i) Une camionnette stationnerait à certaines heures dans un quartier de Bruxelles ; les drogués pourraient échanger leurs seringues usagées contre des neuves.
   (ii) Beaucoup de pharmaciens refusent de les donner aux drogués ; les officines sont fermées le soir et il est difficile pour un pharmacien de rouvrir pour un toxicomane.
5. (i) passer/donner/rouvrir/aider/faire/prévenir/protéger
   (ii) (a) les drogués
       (b) les seringues

6. It's a good plan, if allowed to work. It's not just a case of exchanging needles, but of giving out information on health and to eventually steer the addicts away from drugs ('orienter éventuellement les toxicomanes ... thérapeutes, d'inviter au dépistage'). Secondly, this simple idea would also protect the addicts' partners and children from getting AIDS ('prévenir l'infection ... leurs partenaires et leurs enfants').

La mondialisation

1. (i) 'le développement du commerce international'
   (ii) Le choc pétrolier des années 70.
2. (i) 'les firmes ... en développement'
   (ii) (d)
3. 'tout le monde y gagne'
4. (i) 'il conserve les pouvoirs fiscal et budgétaire', or, 'il conserve le pouvoir monétaire'.
   (ii) (a) les marchandises
       (b) la rentabilité
5. (i) les entreprises
   (ii) se banalise/se fait
6. At first, Western companies invest heavily in poorer countries ('les firmes occidentales investissaient dans les pays en développement'). Then local companies grow and expand into the rich countries. These poorer states develop their economies and import as much as they export ('ces pays importent autant qu'ils exportent'). Everyone wins ('tout le monde y gagne').

Solutions to the sample literary comprehension questions (Section 3)

La photo du colonel

1. (i) 'Cela en devenait inquiétant.'
   (ii) 'les bâtiments, à moitié élevés'
2. 'Ce faubourg sale, ces sombres rues d'hiver ou de boue ou de poussière, ces rues d'usines.'
3. (i) (d)
   (ii) Ils préfèrent rester, cachés, dans leurs beaux appartements. Ils n'en sortent qu'en cas d'extrême nécessité, par groupes de dix ou quinze.
   (iii) 'vous assombrissez le paysage'
4. (i) 'Je ne plaisante pas.'
   (ii) 'édifiée'
5. (i) habitants
   (ii) appartements
6. Buildings are only half finished ('à moitié élevés').
   Nobody wants to buy a home there ('plus personne n'achète des lotissements').
   Some people would like to leave ('Les habitants du quartier voudraient même le quitter').
   People only leave their flats in extreme cases, and in groups.

Le mur

1. (i) 'mes yeux se mirent à cligner parce que la lumière leur faisait mal'
   (ii) 'le plus petit ... son pantalon: c'était nerveux'
2. (i) (a) 'ils n'écoutaient pas les réponses'
       (b) A Juan ils ne demandèrent rien.
   (ii) À cause des papiers qu'on avait trouvés dans sa veste.
3. (i) Parce qu'il n'a rien fait.
   (ii) regarda/dit/écrivirent/firent/mîmes/demanda/répondit
4. (ii)
5. (i) pris part
   (ii) ils se taisaient
6. Yes, because the light in the room dazzled them.
   The military judges were not interested in the prisoners' statements because it seemed that they had already decided on their guilt.
   They were made to stand for three hours ('Ça dura près de trois heures.')
   There was no interrogation, just a judgment ('C'était le jugement').
   The guards were abrupt and unpleasant ('Un gardien le fit taire et l'emmena' – *A guard shut him up and took him away*).

L'Homme de Mars

1. (i) 'ses vêtements trop larges'
   (ii) 'je n'ose plus'
2. Two of: ses affaires/sa fortune/ses plaisirs/le théâtre/la peinture/la musique/la politique/les questions industrielles.
3. (i) 'je ne me mêle jamais au public'
   (ii) Two of: 'j'adore ces falaises d'Étretat. Je n'en connais pas de plus belles';
       'une admirable route entre le ciel et la mer';
       'mes meilleurs jours sont ceux que j'ai passés, étendu sur une pente d'herbes à cent mètres au-dessus des vagues'.
4. faites
5. (i) hommes
   (ii) falaises
6. He stammered a lot ('il balbutia').
   He was very perturbed by the steps he had undertaken ('je suis très troublé par la démarche que j'entreprends').
   He suddenly felt that he shouldn't say any more. He was afraid of being taken for a fool ('vous allez me prendre pour un fou').
   He rambles on about the everyday trivia that man occupies himself with.

Verb tables

Regular verbs

Infinitif	Présent	Passé composé	Conditionnel	Passé simple
donner *(to give)*	je donne	j'ai donné	je donnerais	je donnai
	tu donnes	tu as donné	tu donnerais	tu donnas
	il/elle/on donne	il/elle/on a donné	il/elle/on donnerait	il/elle/on donna
	nous donnons	nous avons donné	nous donnerions	nous donnâmes
	vous donnez	vous avez donné	vous donneriez	vous donnâtes
	ils/elles donnent	ils/elles ont donné	ils/elles donneraient	ils/elles donnèrent

	Présent (subjonctif)	Imparfait	Futur simple
	que je donne	je donnais	je donnerai
	que tu donnes	tu donnais	tu donneras
	qu'il/elle donne	il/elle/on donnait	il/elle/on donnera
	que nous donnions	nous donnions	nous donnerons
	que vous donniez	vous donniez	vous donnerez
	qu'ils/elles donnent	ils/elles donnaient	ils/elles donneront

Infinitif	Présent	Passé composé	Conditionnel	Passé simple
finir *(to finish)*	je finis	j'ai fini	je finirais	je finis
	tu finis	tu as fini	tu finirais	tu finis
	il/elle/on finit	il/elle/on a fini	il/elle/on finirait	il/elle/on finit
	nous finissons	nous avons fini	nous finirions	nous finîmes
	vous finissez	vous avez fini	vous finiriez	vous finîtes
	ils/elles finissent	ils/elles ont fini	ils/elles finiraient	ils/elles finirent

	Présent (subjonctif)	Imparfait	Futur simple
	que je finisse	je finissais	je finirai
	que tu finisses	tu finissais	tu finiras
	qu'il/elle/on finisse	il/elle/on finissait	il/elle/on finira
	que nous finissions	nous finissions	nous finirons
	que vous finissiez	vous finissiez	vous finirez
	qu'ils/elles finissent	ils/elles finissaient	ils/elles finiront

Infinitif	Présent	Passé composé	Conditionnel	Passé simple
vendre *(to sell)*	je vends	j'ai vendu	je vendrais	je vendis
	tu vends	tu as vendu	tu vendrais	tu vendis
	il/elle/on vend	il/elle/on a vendu	il/elle/on vendrait	il/elle/on vendit
	nous vendons	nous avons vendu	nous vendrions	nous vendîmes
	vous vendez	vous avez vendu	vous vendriez	vous vendîtes
	ils/elles vendent	ils/elles ont vendu	ils/elles vendraient	ils/elles vendirent

	Présent (subjonctif)	Imparfait	Futur simple
	que je vende	je vendais	je vendrai
	que tu vendes	tu vendais	tu vendras
	qu'il/elle/on vende	il/elle/on vendait	il/elle/on vendra
	que nous vendions	nous vendions	nous vendrons
	que vous vendiez	vous vendiez	vous vendrez
	qu'ils/elles vendent	ils/elles vendaient	ils/elles vendront

Irregular verbs

Infinitif	Présent	Passé composé	Conditionnel	Passé simple
aller (to go)	je vais	je suis allé(e)	j'irais	j'allai
	tu vas	tu es allé(e)	tu irais	tu allas
	il/elle/on va	il/elle/on est allé(e)	il/elle/on irait	il/elle/on alla
	nous allons	nous sommes allé(e)s	nous irions	nous allâmes
	vous allez	vous êtes allé(e)(s)	vous iriez	vous allâtes
	ils/elles vont	ils/elles sont allé(e)s	ils/elles iraient	ils/elles allèrent

	Présent (subjonctif)	Imparfait	Futur simple	
	que j'aille	j'allais	j'irai	
	que tu ailles	tu allais	tu iras	
	qu'il/elle/on aille	il/elle/on allait	il/elle/on ira	
	que nous allions	nous allions	nous irons	
	que vous alliez	vous alliez	vous irez	
	qu'ils/elles aillent	ils/elles allaient	ils/elles iront	

Infinitif	Présent	Passé composé	Conditionnel	Passé simple
avoir (to have)	j'ai	j'ai eu	j'aurais	j'eus
	tu as	tu as eu	tu aurais	tu eus
	il/elle/on a	il/elle/on a eu	il/elle/on aurait	il/elle/on eut
	nous avons	nous avons eu	nous aurions	nous eûmes
	vous avez	vous avez eu	vous auriez	vous eûtes
	ils/elles ont	ils/elles ont eu	ils/elles auraient	ils/elles eurent

	Présent (subjonctif)	Imparfait	Futur simple	
	que j'aie	j'avais	j'aurai	
	que tu aies	tu avais	tu auras	
	qu'il/elle/on ait	il/elle/on avait	il/elle/on aura	
	que nous ayons	nous avions	nous aurons	
	que vous ayez	vous aviez	vous aurez	
	qu'ils/elles aient	ils/elles avaient	ils/elles auront	

Infinitif	Présent	Passé composé	Conditionnel	Passé simple
boire (to drink)	je bois	j'ai bu	je boirais	je bus
	tu bois	tu as bu	tu boirais	tu bus
	il/elle/on boit	il/elle/on a bu	il/elle/on boirait	il/elle/on but
	nous buvons	nous avons bu	nous boirions	nous bûmes
	vous buvez	vous avez bu	vous boiriez	vous bûtes
	ils/elles boivent	ils/elles ont bu	ils/elles boiraient	ils/elles burent

	Présent (subjonctif)	Imparfait	Futur simple	
	que je boive	je buvais	je boirai	
	que tu boives	tu buvais	tu boiras	
	qu'il/elle/on boive	il/elle/on buvait	il/elle/on boira	
	que nous buvions	nous buvions	nous boirons	
	que vous buviez	vous buviez	vous boirez	
	qu'ils/elles boivent	ils/elles buvaient	ils/elles boiront	

Infinitif	Présent	Passé composé	Conditionnel	Passé simple
croire *(to believe, to think)*	je crois	j'ai cru	je croirais	je crus
	tu crois	tu as cru	tu croirais	tu crus
	il/elle/on croit	il/elle/on a cru	il/elle/on croirait	il/elle/on crut
	nous croyons	nous avons cru	nous croirions	nous crûmes
	vous croyez	vous avez cru	vous croiriez	vous crûtes
	ils/elles croient	ils/elles ont cru	ils/elles croiraient	ils/elles crurent

	Présent (subjonctif)	Imparfait	Futur simple
	que je croie	je croyais	je croirai
	que tu croies	tu croyais	tu croiras
	qu'il/elle/on croie	il/elle/on croyait	il/elle/on croira
	que nous croyions	nous croyions	nous croirons
	que vous croyiez	vous croyiez	vous croirez
	qu'ils/elles croient	ils/elles croyaient	ils/elles croiront

Infinitif	Présent	Passé composé	Conditionnel	Passé simple
devoir *(to have to)*	je dois	j'ai dû	je devrais	je dus
	tu dois	tu as dû	tu devrais	tu dus
	il/elle/on doit	il/elle/on a dû	il/elle/on devrait	il/elle/on dut
	nous devons	nous avons dû	nous devrions	nous dûmes
	vous devez	vous avez dû	vous devriez	vous dûtes
	ils/elles doivent	ils/elles ont dû	ils/elles devraient	ils/elles durent

	Présent (subjonctif)	Imparfait	Futur simple
	que je doive	je devais	je devrai
	que tu doives	tu devais	tu devras
	qu'il/elle/on doive	il/elle/on devait	il/elle/on devra
	que nous devions	nous devions	nous devrons
	que vous deviez	vous deviez	vous devrez
	qu'ils/elles doivent	ils/elles devaient	ils/elles devront

Infinitif	Présent	Passé composé	Conditionnel	Passé simple
dire *(to say)*	je dis	j'ai dit	je dirais	je dis
	tu dis	tu as dit	tu dirais	tu dis
	il/elle/on dit	il/elle/on a dit	il/elle/on dirait	il/elle/on dit
	nous disons	nous avons dit	nous dirions	nous dîmes
	vous dites	vous avez dit	vous diriez	vous dîtes
	ils/elles disent	ils/elles ont dit	ils/elles diraient	ils/elles dirent

	Présent (subjonctif)	Imparfait	Futur simple
	que je dise	je disais	je dirai
	que tu dises	tu disais	tu diras
	qu'il/elle/on dise	il/elle/on disait	il/elle/on dira
	que nous disions	nous disions	nous dirons
	que vous disiez	vous disiez	vous direz
	qu'ils/elles disent	ils/elles disaient	ils/elles diront

Infinitif	Présent	Passé composé	Imparfait	Futur simple
écrire *(to write)*	j'écris	j'ai écrit	j'écrivais	j'écrirai
	tu écris	tu as écrit	tu écrivais	tu écriras
	il/elle écrit	il/elle/on a écrit	il/elle/on écrivait	il/elle/on écrira
	nous écrivons	nous avons écrit	nous écrivions	nous écrirons
	vous écrivez	vous avez écrit	vous écriviez	vous écrirez
	ils/elles écrivent	ils/elles ont écrit	ils/elles écrivaient	ils/elles écriront

Conditionnel			
j'écrirais			
tu écrirais			
il/elle/on écrirait			
nous écririons			
vous écririez			
ils/elles écriraient			

Infinitif	Présent	Passé composé	Conditionnel	Passé simple
être *(to be)*	je suis	j'ai été	je serais	je fus
	tu es	tu as été	tu serais	tu fus
	il/elle/on est	il/elle/on a été	il/elle/on serait	il/elle/on fut
	nous sommes	nous avons été	nous serions	nous fûmes
	vous êtes	vous avez été	vous seriez	vous fûtes
	ils/elles sont	ils/elles ont été	ils/elles seraient	ils/elles furent

Présent (subjonctif)	Imparfait	Futur simple
que je sois	j'étais	je serai
que tu sois	tu étais	tu seras
qu'il/elle/on soit	il/elle/on était	il/elle/on sera
que nous soyons	nous étions	nous serons
que vous soyez	vous étiez	vous serez
qu'ils/elles soient	ils/elles étaient	ils/elles seront

Infinitif	Présent	Passé composé	Conditionnel	Passé simple
faire *(to do, make)*	je fais	j'ai fait	je ferais	je fis
	tu fais	tu as fait	tu ferais	tu fis
	il/elle/on fait	il/elle/on a fait	il/elle/on ferait	il/elle/on fit
	nous faisons	nous avons fait	nous ferions	nous fîmes
	vous faites	vous avez fait	vous feriez	vous fîtes
	ils/elles font	ils/elles ont fait	ils/elles feraient	ils/elles firent

Présent (subjonctif)	Imparfait	Futur simple
que je fasse	je faisais	je ferai
que tu fasses	tu faisais	tu feras
qu'il/elle/on fasse	il/elle/on faisait	il/elle/on fera
que nous fassions	nous faisions	nous ferons
que vous fassiez	vous faisiez	vous ferez
qu'ils/elles fassent	ils/elles faisaient	ils/elles feront

Infinitif	Présent	Passé composé	Conditionnel	Passé simple
lire *(to read)*	je lis	j'ai lu	je lirais	je lus
	tu lis	tu as lu	tu lirais	tu lus
	il/elle/on lit	il/elle/on a lu	il/elle/on lirait	il/elle/on lut
	nous lisons	nous avons lu	nous lirions	nous lûmes
	vous lisez	vous avez lu	vous liriez	vous lûtes
	ils/elles lisent	ils/elles ont lu	ils/elles liraient	ils/elles lurent

	Présent (subjonctif)	Imparfait	Futur simple
	que je lise	je lisais	je lirai
	que tu lises	tu lisais	tu liras
	qu'il/elle/on lise	il/elle/on lisait	il/elle/on lira
	que nous lisions	nous lisions	nous lirons
	que vous lisiez	vous lisiez	vous lirez
	qu'ils/elles lisent	ils/elles lisaient	ils/elles liront

Infinitif	Présent	Passé composé	Conditionnel	Passé simple
mettre *(to put, put on)*	je mets	j'ai mis	je mettrais	je mis
	tu mets	tu as mis	tu mettrais	tu mis
	il/elle/on met	il/elle/on a mis	il/elle/on mettrait	il/elle/on mit
	nous mettons	nous avons mis	nous mettrions	nous mîmes
	vous mettez	vous avez mis	vous mettriez	vous mîtes
	ils/elles mettent	ils/elles ont mis	ils/elles mettraient	ils/elles mirent

	Présent (subjonctif)	Imparfait	Futur simple
	que je mette	je mettais	je mettrai
	que tu mettes	tu mettais	tu mettras
	qu'il/elle/on mette	il/elle/on mettait	il/elle/on mettra
	que nous mettions	nous mettions	nous mettrons
	que vous mettiez	vous mettiez	vous mettrez
	qu'ils/elles mettent	ils/elles mettaient	ils/elles mettront

Infinitif	Présent	Passé composé	Conditionnel	Passé simple
partir* *(to leave, depart)*	je pars	je suis parti(e)	je partirais	je partis
	tu pars	tu es parti(e)	tu partirais	tu partis
	il/elle/on part	il/elle/on est parti(e)	il/elle/on partirait	il/elle/on partit
	nous partons	nous sommes parti(e)s	nous partirions	nous partîmes
	vous partez	vous êtes parti(e)(s)	vous partiriez	vous partîtes
	ils/elles partent	ils/elles sont parti(e)s	ils/elles partiraient	ils/elles partirent

	Présent (subjonctif)	Imparfait	Futur simple
	que je parte	je partais	je partirai
	que tu partes	tu partais	tu partiras
	qu'il/elle/on parte	il/elle/on partait	il/elle/on partira
	que nous partions	nous partions	nous partirons
	que vous partiez	vous partiez	vous partirez
	qu'ils/elles partent	ils/elles partaient	ils/elles partiront

* 'Sortir' follows the same pattern as 'partir'.

Infinitif	Présent	Passé composé	Conditionnel	Passé simple
pouvoir *(to be able to, I can, etc.)*	je peux	j'ai pu	je pourrais	je pus
	tu peux	tu as pu	tu pourrais	tu pus
	il/elle/on peut	il/elle/on a pu	il/elle/on pourrait	il/elle/on put
	nous pouvons	nous avons pu	nous pourrions	nous pûmes
	vous pouvez	vous avez pu	vous pourriez	vous pûtes
	ils/elles peuvent	ils/elles ont pu	ils/elles pourraient	ils/elles purent

	Présent (subjonctif)	Imparfait	Futur simple	
	que je puisse	je pouvais	je pourrai	
	que tu puisses	tu pouvais	tu pourras	
	qu'il/elle/on puisse	il/elle/on pouvait	il/elle/on pourra	
	que nous puissions	nous pouvions	nous pourrons	
	que vous puissiez	vous pouviez	vous pourrez	
	qu'ils/elles puissent	ils/elles pouvaient	ils/elles pourront	

Infinitif	Présent	Passé composé	Conditionnel	Passé simple
prendre* *(to take)*	je prends	j'ai pris	je prendrais	je pris
	tu prends	tu as pris	tu prendrais	tu pris
	il/elle/on prend	il/elle/on a pris	il/elle/on prendrait	il/elle/on prit
	nous prenons	nous avons pris	nous prendrions	nous prîmes
	vous prenez	vous avez pris	vous prendriez	vous prîtes
	ils/elles prennent	ils/elles ont pris	ils/elles prendraient	ils/elles prirent

	Présent (subjonctif)	Imparfait	Futur simple	
	que je prenne	je prenais	je prendrai	
	que tu prennes	tu prenais	tu prendras	
	qu'il/elle/on prenne	il/elle/on prenait	il/elle/on prendra	
	que nous prenions	nous prenions	nous prendrons	
	que vous preniez	vous preniez	vous prendrez	
	qu'ils/elles prennent	ils/elles prenaient	ils/elles prendront	

* *'Apprendre' and 'comprendre' follow the same pattern as 'prendre'.*

Infinitif	Présent	Passé composé	Conditionnel	Passé simple
recevoir *(to receive)*	je reçois	j'ai reçu	je recevrais	je reçus
	tu reçois	tu as reçu	tu recevrais	tu reçus
	il/elle/on reçoit	il/elle/on a reçu	il/elle/on recevrait	il/elle/on reçut
	nous recevons	nous avons reçu	nous recevrions	nous reçûmes
	vous recevez	vous avez reçu	vous recevriez	vous reçûtes
	ils/elles reçoivent	ils/elles ont reçu	ils/elles recevraient	ils/elles reçurent

	Présent (subjonctif)	Imparfait	Futur simple	
	que je reçoive	je recevais	je recevrai	
	que tu reçoives	tu recevais	tu recevras	
	qu'il/elle/on reçoive	il/elle/on recevait	il/elle/on recevra	
	que nous recevions	nous recevions	nous recevrons	
	que vous receviez	vous receviez	vous recevrez	
	qu'ils/elles reçoivent	ils/elles recevaient	ils/elles recevront	

Infinitif	Présent	Passé composé	Conditionnel	Passé simple
savoir *(to know)*	je sais	j'ai su	je saurais	je sus
	tu sais	tu as su	tu saurais	tu sus
	il/elle/on sait	il/elle/on a su	il/elle/on saurait	il/elle/on sut
	nous savons	nous avons su	nous saurions	nous sûmes
	vous savez	vous avez su	vous sauriez	vous sûtes
	ils/elles savent	ils/elles ont su	ils/elles sauraient	ils/elles surent

	Présent (subjonctif)	Imparfait	Futur simple
	que je sache	je savais	je saurai
	que tu saches	tu savais	tu sauras
	qu'il/elle/on sache	il/elle/on savait	il/elle/on saura
	que nous sachions	nous savions	nous saurons
	que vous sachiez	vous saviez	vous saurez
	qu'ils/elles sachent	ils/elles savaient	ils/elles sauront

Infinitif	Présent	Passé composé	Conditionnel	Passé simple
sortir *(to go out)*	je sors	je suis sorti(e)	je sortirais	je sortis
	tu sors	tu es sorti(e)	tu sortirais	tu sortis
	il/elle/on sort	il/elle/on est sorti(e)	il/elle/on sortirait	il/elle/on sortit
	nous sortons	nous sommes sorti(e)s	nous sortirions	nous sortîmes
	vous sortez	vous êtes sorti(e)(s)	vous sortiriez	vous sortîtes
	ils/elles sortent	ils/elles sont sorti(e)s	ils/elles sortiraient	ils/elles sortirent

	Présent (subjonctif)	Imparfait	Futur simple
	que je sorte	je sortais	je sortirai
	que tu sortes	tu sortais	tu sortiras
	qu'il/elle/on sorte	il/elle/on sortait	il/elle/on sortira
	que nous sortions	nous sortions	nous sortirons
	que vous sortiez	vous sortiez	vous sortirez
	qu'ils/elles sortent	ils/elles sortaient	ils/elles sortiront

Infinitif	Présent	Passé composé	Conditionnel	Passé simple
venir *(to come)*	je viens	je suis venu(e)	je viendrais	je vins
	tu viens	tu es venu(e)	tu viendrais	tu vins
	il/elle/on vient	il/elle/on est venu(e)	il/elle/on viendrait	il/elle/on vint
	nous venons	nous sommes venu(e)s	nous viendrions	nous vînmes
	vous venez	vous êtes venu(e)(s)	vous viendriez	vous vîntes
	ils/elles viennent	ils/elles sont venu(e)s	ils/elles viendraient	ils/elles vinrent

	Présent (subjonctif)	Imparfait	Futur simple
	que je vienne	je venais	je viendrai
	que tu viennes	tu venais	tu viendras
	qu'il/elle/on vienne	il/elle/on venait	il/elle/on viendra
	que nous venions	nous venions	nous viendrons
	que vous veniez	vous veniez	vous viendrez
	qu'ils/elles viennent	ils/elles venaient	ils/elles viendront

Infinitif	Présent	Passé composé	Conditionnel	Passé simple
voir *(to see)*	je vois	j'ai vu	je verrais	je vis
	tu vois	tu as vu	tu verrais	tu vis
	il/elle/on voit	il/elle/on a vu	il/elle/on verrait	il/elle/on vit
	nous voyons	nous avons vu	nous verrions	nous vîmes
	vous voyez	vous avez vu	vous verriez	vous vîtes
	ils/elles voient	ils/elles ont vu	ils/elles verraient	ils/elles virent

	Présent (subjonctif)	Imparfait	Futur simple
	que je voie	je voyais	je verrai
	que tu voies	tu voyais	tu verras
	qu'il/elle/on voie	il/elle/on voyait	il/elle/on verra
	que nous voyions	nous voyions	nous verrons
	que vous voyiez	vous voyiez	vous verrez
	qu'ils/elles voient	ils/elles voyaient	ils/elles verront

Infinitif	Présent	Passé composé	Conditionnel	Passé simple
vouloir *(to want)*	je veux	j'ai voulu	je voudrais	je voulus
	tu veux	tu as voulu	tu voudrais	tu voulus
	il/elle/on veut	il/elle/on a voulu	il/elle/on voudrait	il/elle/on voulut
	nous voulons	nous avons voulu	nous voudrions	nous voulûmes
	vous voulez	vous avez voulu	vous voudriez	vous voulûtes
	ils/elles veulent	ils/elles ont voulu	ils/elles voudraient	ils/elles voulurent

	Présent (subjonctif)	Imparfait	Futur simple
	que je veuille	je voulais	je voudrai
	que tu veuilles	tu voulais	tu voudras
	qu'il/elle/on veuille	il/elle/on voulait	il/elle/on voudra
	que nous voulions	nous voulions	nous voudrons
	que vous vouliez	vous vouliez	vous voudrez
	qu'ils/elles veuillent	ils/elles voulaient	ils/elles voudront

Acknowledgments

For permission to reproduce copyright material the publishers gratefully acknowledge the following:

'Interview with Emma Watson' published in *Dream Up* magazine, No. 15, July/August 2009, page 14. 'Interview with Mika' from *Star Club* magazine, No. 26, August 2009, reprinted by kind permission of *Star Club*. Articles 'Le plus vieil instrument', 'Les femmes qui travaillent au bureau', 'Interview with Erik Orsenna' from *Ça M'intéresse* magazine, No. 342, August 2009 © *Ça M'intéresse* – 2009. Extracts from *La Photo du Colonel* by Eugène Ionesco and from *Le Mur* by Jean-Paul Sartre © Éditions Gallimard.

The publishers have made every effort to trace copyright holders, but if they have inadvertently overlooked any they will be pleased to make the necessary arrangements at the first opportunity.